novum premium

Ernst **ENGEMANN**

Das ***Unmögliche*** im ***Leben*** erreichen

Wie geht das?

novum premium

Bibliografische Information
der Deutschen Nationalbibliothek:

Die Deutsche Nationalbibliothek
verzeichnet diese Publikation in
der Deutschen Nationalbibliografie.
Detaillierte bibliografische Daten
sind im Internet über
http://www.d-nb.de abrufbar.

Gedruckt in der Europäischen Union
auf umweltfreundlichem, chlor- und
säurefrei gebleichtem Papier.

Rathausgasse 73, A-7311 Neckenmarkt
office@novumverlag.com

ISBN 978-3-99130-928-4
Lektorat: Dr. Annette Debold
Umschlagfoto: Flynt | Dreamstime.com
Umschlaggestaltung, Layout & Satz:
novum Verlag
Innenabbildungen:
S. 31–34 © Hans Rudolf Degen,
S. 85, 136, 144, 146, 147, 168
© Ernst Engemann

www.novumverlag.com

Druckprodukt mit finanziellem
Klimabeitrag
ClimatePartner.com/16547-2311-1001

INHALTSVERZEICHNIS

GRUNDLAGEN ZUM EIGENSTÄNDIGEN DENKEN

Oft werde ich gefragt, wie bist du als gelernter Bäcker-Konditor zum Chefarzt für Chirurgie-Orthopädie, Patentinhaber einer fußchirurgischen Fixationsplatte und Verfasser hochwissenschaftlicher Arbeiten – publiziert in Fachzeitschriften mit höchsten Impact Factors – aufgestiegen? Wie hast du die Eidgenössische Matura und das Medizinstudium als Primarschüler mit Lese- und Schreibschwäche gemeistert?

Meine Antwort ist immer dieselbe:

Ich weiß es nicht!

Ich will es aber herausfinden.

Wenn ich heute über meine Jugendjahre nachsinne, weiß ich, dass die Jugendjahre eine prägende Lebensphase für das Formen der psychischen Stabilität sind. Klar ist mir auch, dass die Genetik dabei eine Rolle spielt. Mit Druck und Prügel kann die Psyche nicht geformt werden. In dieser Entwicklungsphase brauchen wir Vorbilder, wie uns das Tierreich vorlebt.

Die psychische Stabilität eines Individuums wird zu einem großen Teil durch das Erbgut für die körperliche und geistige Gesundheit weitergegeben.

Das heißt aber nicht, dass nur diese Faktoren für die Stabilität verantwortlich sind.

Ich habe nie nach Zielen gelebt oder gearbeitet, aber dafür nach Vorstellungen, wie etwas sein könnte, muss oder sollte. Anschauliches Beispiel aus meiner Jugendzeit: Ich habe nie etwas unternommen, das mir nicht Freude gemacht hätte. Als Jugendlicher war ich ein Bewegungsmensch. Mich interessierten Fußball und Kunstturnen. Keiner meiner Schulkameraden war begeistert von diesen Sportarten. Sie widmeten sich dem Hornussen oder Schwingen, das waren die beiden Sportarten, die auch ihre Väter am Sonntagnachmittag betrieben.

Ein Beispiel aus meiner Zeit als Orthopäde: Bei mir meldeten sich die Patienten wegen unerträglicher Gelenkschmerzen und Bewegungseinschränkungen. Ihr Ziel war, Schmerzfreiheit des Bewegungsapparates durch die Operation zu erhalten und auch an Lebensqualität zu gewinnen. Quantenmechanisch hat es Einfluss auf den gesamten Bewegungsapparat. Meine Vorstellung der Operation konzentriert sich nicht nur auf die Schmerzen, sondern auf Beweglichkeit aller Gelenke, Muskeln und Kraft der Beine. Die Rehabilitation unterstützt meine Vorstellungen eines gelungenen Eingriffs. Mit etwas Anstrengung und Willen könnten meine Vorstellungen erreicht werden und Lebensfreude für den Alltag fördern. Bei der Operationsbesprechung hatte die Nachbehandlung einen ebenso hohen Stellenwert wie der Eingriff. Wenn man sich nur nach Zielen ausrichtet, verpasst man das Lebensgefühl, aber auch den Blick in die Natur.

Meine Sekretärin ermahnte mich immer wieder, dass ich für die Patienten zu großzügig sei und zu viel Zeit verwende, die man nicht abrechnen könne.

Die Realität war oft eine andere, ich habe keine Schmerzen mehr, ich breche die Rehabilitation ab.

Als visueller Mensch beobachtete ich schon als Zehnjähriger bei schönem Wetter am Abend den Sternenhimmel. Ich fragte meinen Vater, wieso der Mond eine andere Form annehme. Der Mond kreise um die Erde, und er sei nur nachts sichtbar. Er begann mit dem Vollmond, der sich schnell in eine Sichelform verändert, aus der man ein a schreiben könnte, also abnehmend bis zum Neumond, danach dreht sich die Sichelform in einen Buchstaben z und wird zunehmend bis zum sichtbaren Vollmond. Den Hintergrund für die sichtbare Änderung verstand ich erst viel später.

Psychische Gesundheit ist ein Menschenrecht

Im 21. Jahrhundert entwickelte sich eine Lügengesellschaft, deren Glaubwürdigkeit stetig abnimmt.

Die Ideologie des wirtschaftlich stetigen Wachstums überfordert die Psyche der jungen Menschen durch Anreize über die digitalen Medien und Apps. Besonders Dating-Apps wirbeln die Psyche, besonders bei jungen Frauen, durcheinander, das eigene Denken wird unterdrückt. Die Unterscheidung von Wahrheit und Lüge entfällt. Über das Internet werden die jungen Menschen im Denken verändert durch gezielte Werbung. Diese tägliche Überschwemmung von Bildern und Kurzvideos ist von den heranwachsenden Menschen nicht verdaubar und unterbricht den psychischen Reifeprozess. Die Psyche wird instabil und bricht zusammen.

Die Ursachen der psychischen Destabilisierung sind nicht nur Stress in der Schule oder am Arbeitsplatz, sondern auch Irreführungen im Internet durch Werbung und Apps, die besonders die Jugendlichen ansprechen. Influencerinnen und Influencer werden durch die Wirtschaft gefördert. Die jungen Menschen können die aufdringlichen Informationen, ob falsch oder wahr, nicht mehr voneinander trennen. Die psychische Reifung wird gestoppt und damit auch das eigenständige Denken.

Die betroffenen Menschen suchen Hilfe bei Ärzten und Psychologen, als Folge steigen die Gesundheitskosten ins Unendliche.

Auch die Politik ist überfordert, und nur wenige Politiker haben die Gabe, eigenständig zu denken. Die Lobbyisten sind die Vordenker, die das Menschrecht auf eine gesunde Psyche täglich verletzen.

Wie kann die menschliche Psyche in der heutigen Generation stabil gehalten werden?

Nur gesetzliche Kontrollen über das Internet können einen Kollaps der Gesellschaft verhindern. Aufklärung von Eltern und Jugendlichen leistet einen wertvollen Beitrag.

Die künstliche Intelligenz ist eine Sammlung von Daten, die wir täglich mit unseren persönlichen Daten füttern, ohne unser Bewusstsein. Anschauliches Beispiel: Kundenkarten, Kreditkarten wird ein Vorteil vorgegaukelt, um an unsere Daten zu gelangen, um Kontrolle über die Konsumenten zu haben.

Das widerspricht dem Schutz der Privatsphäre. Das menschliche Unwissen über die Algorithmen und die Trägheit der Konsumenten erleichtern die unendliche Datensammlung, die wir freiwillig an die Konzerne liefern. Der Konsument wird durch Versprechen von Vorteilen, die schon zuvor bei der Preisgestaltung eingerechnet wurden, belogen.

Die KI verspricht zum Beispiel großartige Selbststeuerung der Fahrzeuge. Sie können im Auto das Schlafmanko nachholen oder am PC arbeiten, mit der Freundin oder dem Freund chatten. Als Lastwagenfahrer und Buschauffeur, aber auch in anderen Berufsgattungen braucht es den Menschen nicht mehr. Als Folge nimmt die Arbeitslosigkeit zu.

Durch die KI wird das eigenständige Denken verdrängt, wenn wir uns nicht bewusst wieder dem Humanismus zuwenden. Menschliche Intelligenz folgt den Naturgesetzen. KI folgt nur dem Algorithmus. Beide haben verschiedene Grundlagen, die diametral auseinandergehen.

Wissensgier und selbst erarbeitetes Wissen können vielleicht die auseinanderfallende Gesellschaft wieder zusammenbringen, wenn die unheilige Allianz zwischen Wirtschaft und Staat verhindert werden kann.

Die Mehrheit unserer Gesellschaft reagiert erst, wenn es an den Geldbeutel geht. Probleme interessieren sie nicht, erst wenn sie diese am eigenen Leib erfahren und Hilfe beim falschen Anbieter suchen. Sind die Menschen schon so manipuliert durch das Internet mit Falschinformationen, dass sie das eigene Denken ruhen lassen?

Früher war es nicht besser, aber ruhiger

Auf den Straßen begegnete man vor allem landwirtschaftlichen Ladewagen, die von vorgespannten Pferden gezogen wurden. Traktoren waren noch Seltenheit. Mit Fahrrädern war man häufig unterwegs. Autos sah man nicht täglich, mit dem ersten Auto im Dorf besuchte der Hausarzt zu Hause die Patienten. Die Hauptstraße hatte bereits einen Teerbelag.

Sommer- und Winterklima waren normal, wie es sich Kinder wünschen, mit Baden und Skifahren. Klimaveränderungen waren kein Thema.

Telefonverbindungen kannten wir, aber nicht in jedem Haushalt war eine Verbindung installiert. Meine Eltern waren auf eine Verbindung angewiesen, damit sie Bestellungen von Stadtkunden annehmen konnten. Als Jugendlicher musste ich die Termine in der Schule vereinbaren, wenn es sich nicht um direkte Nachbarn handelte.

Das Vereinsleben war den Erwachsenen vorbehalten, außer der Jugendriege des Turnvereines. Kunstturnen war mein Lieblingssport. Fußball spielten wir untereinander, einen Fußballverein gab es nicht. Abendliches Ausgehen war ein Tabu. Schlägereien untereinander gab es keine, obwohl wir nicht immer einer Meinung waren.

Meine Generation verbrachte die Jugendjahre in ländlicher Ruhe, obwohl der Zweite Weltkrieg noch nicht lange zurücklag. Die Stimmung damals war antideutsch.

Diese Ruhe hatte meiner Generation die Psyche nicht durchgeschüttelt.

Nach dem Weltkrieg begann der wirtschaftliche Aufschwung. Wir holten viele südeuropäische Arbeitskräfte in die Schweiz. Einen öffentlichen Hass gegenüber ausländischen Arbeitnehmern kannte man damals nicht, aber Witze über sie gab es schon. Gegenüber den Deutschen war die Stimmung getrübt.

Wir konnten mit ungestörter psychischer Entwicklung ins Berufsleben einsteigen.

Für die Weiterentwicklung der Psyche und des Charakters braucht es Anerkennung im Berufs- und Privatleben.

Der größte Fortschritt in der Entwicklung findet statt mit Übernahme von Verantwortung und Problemverarbeitungen.

Nur mit sehr gut entwickelter Psyche habe ich die Widerstände gegen meine Person und die lange Krebskrankheit meiner Frau überstanden.

Meine Generation hat mit harter Arbeit allmählich Wohlstand ermöglicht.

Als Assistent am Universitätsspital waren fünfzig Wochenarbeitsstunden normal. Zusätzlich leisteten wir Nacht- und Wochenenddienst, ohne Kompensation. Dieses Modell hatte auch große Vorteile. Wir arbeiteten mit dem Patienten und am Patienten und mit den Krankenschwestern. Das Erfahrungspotenzial, das wir durch dieses Modell in die Zukunft mitbekamen, war unerschöpflich und stärkte unsere Psyche und das eigenständige Denken.

Die KI steuert Menschen und die Wirtschaft und sorgt für mehr Bürokratie

Seit die künstliche Intelligenz die Spitäler und Arztpraxen eroberte, wurden die Patientinnen und Patienten ins zweite Glied verbannt. Die Bürokratie überbordet an Personal, das den Betrieb organisiert, Medikamente, ärztliche Leistungen, Labor und Röntgen erfasst. Durch die verfügbaren Daten, wie zum Beispiel über Gelenkschmerzen, Kopfweh oder Bauchschmerzen, ist die KI in der Lage, fragliche medizinische Diagnosen zu stellen, die im Internet der Allgemeinheit zur Verfügung stehen. Die nicht informierten Bürgerinnen und Bürger melden sich in der Spitalnotfallaufnahme oder den Arztpraxen schon mit möglichen Diagnosen, die abgeklärt werden müssen. Der Druck auf die Ärzte ist enorm.

Die KI funktioniert nicht nach den Naturgesetzen, sondern nach Algorithmen der verfügbaren Datensammlungen.

Sie vergrößert die Administration, ohne die Produktion eines Spitals, aber auch anderer Firmen entsprechend zu steigern.

Der Arzt wird Teil der Administration und von seiner eigentlichen Funktion abgelenkt. Der Chirurg hat den Vorteil, dass er seine manuelle Fertigkeit nicht verliert. Die Personalaufstockung durch die KI treibt die Spitäler in Finanznot.

Die Gesundheitskosten steigen ins Unendliche.

Die Algorithmen werden für die Werbung derart glaubhaft programmiert, mit einbezogen wird auch die menschliche Trägheit, dass sogar wirkungslose Salben und Medikamente massenhaft gekauft werden. Sie müssen ja wirken, die Werbung darf ja nicht Lügen verbreiten, nach Gesetz. Anschauliches Beispiel sind nicht rezeptpflichtige Salben und Tabletten gegen Arthroseschmerzen, die ihre Versprechungen nicht halten können. Die Produktionsfirma schützt sich durch den Nachsatz: Fragen Sie Ihren Arzt oder Apotheker, und schiebt damit die Verantwortung dem Käufer zu.

Die KI kann Arbeits- und Produktionsvorgänge erleichtern und damit Zeit einsparen. Das darf als Fortschritt angenommen werden.

Es ist nicht intelligent, sich von der künstlichen Intelligenz abhängig zu machen.

Die Euphorie über KI ist überaus gefährlich.

Eigenständiges Denken wird zum Fremdwort und damit unsere persönliche Freiheit, die wir in Zukunft verlieren werden, weil unser Hirn, um Energie zu sparen, das Denken ausschaltet. Auch die Muskeln bilden sich zurück, wenn sie nicht aktiv gebraucht werden.

Als Arzt mit sehr viel Erfahrung und Wissenschaftler mache ich mir ehrlich Sorgen über die klinische Ausbildung der kommenden Ärztinnen- und Ärztegeneration. Ihr Wissen basiert auf schwachem Grund. Das heißt nicht, dass sie die theoretischen Grundlagen nicht gelernt hätten, aber nur mit dem Glauben an die vielen PC-Chats und KI kann das menschliche Hirn die Grundlagen nur oberflächlich speichern, gerade für die Prüfungen. Bleibende Erfahrungen erarbeitet man am Patienten. Ich kann nur für die Chirurgie sprechen, in dem Fach habe ich langjährige Erfahrung. Für die anderen medizinischen Spezialgebiete wird es ähnlich sein.

Drei typische Beispiele belegen meine Kritik an den vielen PC-Chats und KI.

Fall eins:
Ein Segelflieger-Kollege schickte mir ein Röntgenbild des linken Fußes seines vierjährigen Sohnes, weil er meine Meinung zu dem Röntgenbild einholen wollte. Er gehe in drei Tagen mit der Familie in die Ferien. Er wollte wissen, ob die angelegte Schiene des Fußes vor dem Abflug entfernt werden könne. Sein Sohn hatte einen kleinen Eingriff wegen einer Leistenhernie. Vor dem Spitalaufenthalt erlitt der Kleine eine Distorsion des linken Mittelfußes mit Weichteilschwellung und Schmerzen, konnte aber den Fuß belasten. Der Eingriff wurde an der Universitäts-Kinderchirurgie durchgeführt. Vor Austritt wurde am linken Fuß vorsichtshalber ein Röntgenbild angefertigt. Am Austrittstag waren der Röntgenarzt und der Leitende Arzt abwesend. Der Assistent war nicht in der Lage, die Röntgenaufnahme korrekt zu beurteilen, es könnte eine Fraktur vorhanden sein, und er empfahl eine Schienenfixation zur Immobilisation des Fußes. Die Kopie des Röntgenbildes zeigte ein typisches Bild wachsender Knochen, aber keine Fraktur. Die vermutete Fraktur wurde mit einem appositionellen Knochenwachstum eines spongiösen Knochens verwechselt. Wenn in solchen Fällen eine Unsicherheit vorliegt, sorgt eine Vergleichsaufnahme des gesunden Fußes für Sicherheit. Das darf an einem Universitätsspital nicht passieren. Knochen röntgen von Kindern im Wachstum, insbesondere eines Vier-jährigen, verlangt vom Arzt Grundlagenkenntnisse über das Wachstum der Kinderknochen, und das wiederum verlangt theoretische Kenntnisse der Quantenphysik, aber auch Erfahrung. Es gibt sicher viele Studenten, die sich vor den Zwischenprüfungen über das Internet auf Chat-Apps die möglichen Fragen und ihre Antworten abrufen. Das ist für die künftige Berufsausübung eine Katastrophe, ja sogar gefährlich.

Fall zwei:
Eine Krankenschwerster auf der Gynäkologie ärgerte sich über die Unkenntnisse junger Assistentsärztinnen und -ärzte. Sie seien nicht in der Lage, auf einem Ultraschallbild eine Zyste von andern Gewebeverdichtungen zu unterscheiden. Eine Zyste ist mit Flüssigkeit gefüllt und sieht aus wie ein mit Wasser gefüllter Ballon. Ein Gewebewachstum hat mehr oder weniger einheitliche Struktur und kann einfach von einer Zyste unterschieden werden.

Ihr Vertrauen in die jungen Ärztinnen und Ärzte schwindet.

Fall drei:
Persönliche Erfahrung am Universitätsspital.

Mein Kardiologe verordnete ein PET-CT wegen unregelmäßiger Herzschläge. Die kalte Arbeitsatmosphäre auf der Abteilung hat mich schockiert und zum Weiterdenken veranlasst.

Das Personal bewegte sich wie menschliche Roboter. Ein ernster Gesichtsausdruck, ohne ein Lächeln im Gesicht, und nur Befehle ausgesprochen mit wenigen Worten. Ich beantwortete der Ärztin die Fragen, die sie von einem standardisierten Fragebogen gestellt hatte. Wenigstens ein kleines Lächeln war am Ende auf den Lippen sichtbar. Zum Schluss sagte mir der menschliche Roboter: „Sie können gehen."

Ich verglich unmittelbar meine achtjährigen Erfahrungen am Universitätsspital vor vielen Jahren. Unter dem Personal wurde auch während der Arbeit gelacht, es wurden Witze gemacht und Gespräche geführt. Auch mit Patientinnen und Patienten hat das Personal gelacht und Gespräche geführt. Die Arbeitsatmosphäre war menschlich und aufmunternd. Ich mag mich nicht erinnern, dass sich Angestellte über die Arbeitsatmosphäre beklagt hätten.

Wie weit die kapitalistische Wirtschaft zusammen mit der KI die Menschen zu Robotern verändert und damit das eigenständige Denken ausgelöscht hat!

Fall vier:
Dieser Fall betrifft vor allem die operativ tätigen Chirurgen. Heute hat man sehr gute Erfahrungen mit den verschiedenen

Hüft- und andern Gelenk-Prothesentypen, die auf dem Markt seit Jahren mit sehr guten Erfolgen implantiert werden.

Hüftprothesen aus dem 3-D-Drucker werden als Fortschritt werbefreundlich angepriesen. Das verwendete Material besteht aus einer Mischung von diversen Metallen und Kunststoffen. Zu meiner aktiven Zeit waren sie noch nicht auf dem Markt. Es gibt sicher Vorteile, aber auch Nachteile. In der Werbung wird behauptet, dass sie stabiler in den Hohlraum des Oberschenkelknochens passen als die reinen Metallprothesen. Das mag stimmen, aber das ist kein Grund der besseren Prothesenstabilität. Die Grundlagen der postoperativen Stabilität liegen in der Quantenphysik; über Druck- und Zugkräfte wird die Prothese auf natürlichem Wege eingebaut. Einzementierung der Prothese ist Vergangenheit. Ein weiterer Nachteil der 3-D-Druckerprothese: Sie kann nur eine kurze Erfahrungszeit vorweisen. Das große Problem ist das Recycling der Prothese. Die Firmen bieten den Operateuren einen Bonus an, wenn sie ihre Prothese verwenden. Mir wurden auch ähnliche Angebote für andere Prothesen gemacht.

Der Orthopäde der Frau meines Freundes hat dieser Werbung vertraut und der Patientin diese Hüftprothese eingesetzt. Schon das Einsetzen war eine Herausforderung, und durch kräftiges Einhämmern auf die Prothese beim Einsetzen wurde ein wichtiger Knochenansatz eines Muskels verletzt. Es folgten drei weitere Operationen. Die 3-D-Prothese konnte nicht ausgewechselt werden, ohne zusätzlichen Schaden in Kauf zu nehmen.

In der Prothetik, nicht nur für die Hüfte, gibt es genügend sehr gute Modelle, mit denen man nachweislich zuverlässige und langjährige Erfahrungsdaten vorweisen kann. Ich glaubte, dass ein Arzt sich von der Werbung nicht beeinflussen lässt.

Oder habe ich mich getäuscht?

Die KI kann keine glaubhaften Argumente in der Gelenkprothetik vorweisen, die, die reine Metallprothesen verdrängen könnten. Auch die Metallprothesen werden laufend angepasst.

Der KI werden die geheimen Daten der Forschung nicht zur Verfügung gestellt.

Die Fortschritte werden in der Forschung nur mit eigenständigem Denken, visuellen Erkenntnissen, statistischen Daten sowie fundierten Grundkenntnissen der Zellenfunktionen erarbeitet, mithilfe der Quantenphysik und Quantenchemie. Mit diesem Wissen ist es möglich, in Krebszellen oder ins Immunsystem einzugreifen, um die fehlgeleiteten Zellen umzuleiten.

Meine Erfindung der X-Platte und der Angriff auf das weltweite Dogma der Kompression auf die Knochenbruchstellen in der Traumatologie gelten nur für den Röhrenknochen, aber nicht für den spongiösen Knochenanteil, der die Gelenke bildet. Das ist ein Resultat des eigenständigen Denkens und nicht des offiziellen Glaubens, weil für diesen Knochenanteil keine Forschungen angestellt und beide Knochenarten rechtlich gleichgesetzt wurden.

KI als Nachschlagewerk ist sicher ein Vorteil, wenn man sie nicht zur Diagnose benutzt, sondern als Sicherung anschaut.

Ein typisches Beispiel ist das maligne Melanom, ein zunehmender Hautkrebs, der über ein Dutzend früherkennbare Bilder zeigt und die Verdachtsdiagnose bestätigen kann.

Ich hatte die Reduktion der Wochenarbeitsstunden und die Kompensation der Nacht- und Wochenenddienste als Chefarzt im eigenen Spital mitorganisiert. Ich musste die Anzahl der Assistenten und Krankenschwestern verdoppeln. Meine Arbeitsstunden blieben unangetastet, weil der Chefarzt nicht dem Arbeitsgesetz unterstellt ist.

Die medizinische und die Computertechnologie machten jährlich große Fortschritte, sodass der Assistent und die Krankenschwerstern weniger mit den Patienten arbeiten können, zum Nachteil der Patienten, aber auch des Erfahrungspotenzials der Ärztinnen und Ärzte.

Als ich die Chefarztstelle übernahm, war keine Stelle für Psychiatrie oder Psychologie eingeplant. Als ich mit siebzig Jahren in die Pension ging, beschäftigten wir einen Psychiater und eine Psychologin. Zehn Jahre später waren zusammen fünf Stellen besetzt, mit einer Wartefrist von mehr als einem halben Jahr.

Die Überschwemmung unserer Gesellschaft mit KI und digitalen Apps sollte die Politik dringend regulieren. Aber Politik und Wirtschaft haben kein Interesse an der Regulierung, da beide davon profitieren.

Ohne gesetzliche Grundlagen für die Regelung digitaler Medien und Apps wird die psychische Stabilität der Jugend, aber auch jener der erwachsenen Personen rasant zunehmen. Was dann?

Selbst erarbeitetes fundiertes Wissen stärkt die Persönlichkeit und den Charakter

Mein ständiger Wissensdrang formte mein eigenständiges Denken definitiv durch Histologieprofessor Schenk. Diese Denkart hat mich als Mensch geformt. Er dozierte in den histologischen Vorlesungen, wie die Knochenheilung und Modellierung der Knochen funktionieren. Seine Vorlesungen waren einzigartig und hoben sich von den andern ab. Vor die Tafel rückte er einen Tisch, damit alle gute Sicht auf die Tafel hatten. Darauf stehend zeichnet er mit der linken Hand, und mit der rechten beschrieb er die Zeichnung. Seine Art, Vorlesungen zu halten, hat mich tief berührt. Meine Kommilitoninnen und Kommilitonen empfanden die Vorlesung als amüsante Show und verstanden wahrscheinlich den tiefen Sinn des Inhaltes nicht.

Als visueller Mensch erfasste und verstand ich den Inhalt der Vorlesung, auf diese Art präsentiert, dass mir der Kerninhalt der Vorlesung für immer im Gedächtnis abgelegt wurde. Forschungsauftrag war, Grundlagen zu schaffen für die operative Behandlung von Knochenbrüchen mit einer Metallplatte und Schrauben. Dafür musste man zuerst wissen, wie der Knochen beim unversehrten Tier oder Menschen mit Druck- und Zugkräften umgeht. Der Knochen wird nur durch zwei Knochenzellen gesteuert, nämlich mit dem Osteoklasten und dem Osteoblasten. Ich habe mir das mit einer Eselsbrücke gemerkt. Der Osteoklast ist der Presslufthammer, der zuerst Knochensubstanz wegräumt. Der Osteoblast ist der Muratore aus Italien, der mit der Pflasterkelle den Knochen wieder zurechtrichtet. In den 1960er Jahren, zu Beginn des wirtschaftlichen Aufschwungs, wanderten viele Menschen aus Italien und Südeuropa als Bauarbeiter in unser Land ein. Durch Zug- und Druckkräfte werden die beiden Knochenzellen durch das Piezoelektrische Phänomen gesteuert. Knochen werden durch physikalische Kräfte auch im Erwachsenenalter der Gewichtszunahme angepasst. Die Quantenphysik war damals noch kein Fach an den Universitäten.

Durch äußere Krafteinwirkungen, wie bei einem Unfall, brechen meistens nur die langen Röhrenknochen. Für die mikroskopische Untersuchung musste das Schaf herhalten. Für die Tests wurde die Elle des Vorderarmes respektive des Beins ausgewählt. Die Knochenbruchstellen wurden nach einem definierten Zeitplan histologisch untersucht, und das Resultat war, dass ohne Druck auf die Bruchstellen durch die Plattenfixation keine erkennbare Heilung erkannt wurde oder nur eine ungenügende. Dass aber bei den Bruchstellen, die unter Druck gesetzt wurden mit der Metallplatte und Schrauben, eine normale, zeitliche Bruchheilung entstand. Unter den Traumatologen und Orthopäden nistete sich das Schlagwort Kompression ein, das als Dogma in die Medizingeschichte aufgenommen wurde. Als ich Jahre später mit Berufskolleginnen und -kollegen über das Piezoelektrische Phänomen sprach, fragten sie mich: „Was ist das, ich habe von diesem Phänomen noch nie etwas gehört."

Kompression benötigt nur der Röhrenknochen, wegen der Durchblutung, nicht aber der spongiöse Knochenanteil, zu dem keine gleichen Experimente durchgeführt wurden, wie die Arbeitsgemeinschaft für Osteosynthesefragen bestätigte.

Beidseitig des Röhrenknochens schließt sich lückenlos eine völlig andere Knochenstruktur an, deren Ende mit Knorpel überzogen ist und die Gelenke bildet. Der spongiöse Knochen, wie ich mir ihn vorstelle, ist ein sehr, sehr großes Haus mit sehr vielen kleinen Zimmerchen und einfacher durchblutet als der starke Röhrenknochen. Bei Krafteinwirkungen werden Zimmerchen zerstört. Würfelknochen sind auch von gleicher spongiöser Struktur und bilden das Fundament der Wirbelsäule, die sogenannten Wirbelkörper. Handgelenk, Mittel- und Rückfuß sind ebenfalls von diesem Knochenbau. Sie heilen bei Brüchen nur durch gute stabile Verankerung mit speziell angefertigten Fixationsplatten. Die Durchblutung im Röhrenknochen erfordert, wegen der kompakten Struktur des Knochens, bei Brüchen eine genaue Reposition und Druck auf die Bruchflächen.

Nach ein paar Tagen wurde die Gipsfixation abgenommen, und die Schafe konnten den Vorderarm belasten. Nach sechs, zwölf und sechzehn Wochen wurden die Heilungsfortschritte histologisch untersucht. Diejenigen Fälle, die keine oder nur wenig intraoperativer Kompression auf die Frakturstellen erhielten, heilten viel später von der Knochenhaut ausgehend als diejenigen mit guter Reposition unter Kompression. Druck und Zug sind eine Bipolarität, ein positiver und ein negativer Pol. Durch diese Polarität entsteht ein elektromagnetisches Feld. Das Piezoelektrische Phänomen begleitet mich noch bis heute. Es war der Grundstein der X-Platten-Erfindung und der seitlichen Position entgegen dem Kompressionsdogma.

Die Berufsverbände der Orthopäden und Traumatologen weltweit machen keinen Unterschied zwischen Frakturen am Röhrenknochen und Frakturen oder Schnittflächen am spongiösen Knochen. Beide Frakturen werden deswegen juristisch gleichbehandelt. Das spielt vor allem in den USA eine wichtige Rolle. Dort muss der Operateur beweisen, dass er keinen Fehler gemacht hat. In Europa muss der Patient beweisen können, dass dem Operateur ein Fehler unterlaufen ist.

Bei der Entwicklung der X-Platte zur Fixation, respektive Stabilisation der Crescentic Osteotomy, im spongiösen Knochenbereich an der Basis des ersten Mittelfußknochens, zur Korrektur des Hallux valgus, musste ich die Ingenieure überzeugen, dass nur Stabilität zur Heilung benötigt werde. Mit meinem Paten Michael Coughlin aus Idaho für die Aufnahme in die Amerikanische Fußgesellschaft, als Internationales Mitglied, führte ich oft lange Gespräche über seine Osteotomie und deren Fixation. Die Osteotomie wurde mit einer sogenannten

Kompressionsschraube fixiert. Die Größe des Schraubenkopfes irritierte die darüberliegenden Weichteile, vor allem die Strecksehne der Großzehe. Aus diesem Grund habe ich die X-Platte entwickelt. Michael hat mehrmals erwähnt, dass er wegen des Kompressionsdogmas in Schwierigkeiten mit der Haftpflichtversicherung geraten könne, wenn er die Fixationsplatte, wie ich sie vorschlug, seitlich einsetze, um die Schnittfläche zu stabilisieren. Nach meiner Publikation und meiner Erfahrung hat er auch auf die X-Platte umgestellt.

Nach diesem Verhaltensmuster lebte ich schon unbewusst in meiner Kindheit. Die täglich zu verrichtende Arbeit erledigte ich nach den Vorgaben meiner Eltern. Beide übten auf mich keinen Druck aus, als Nachzügler von achteinhalb Jahren opferten sie viel Zeit für mich. Mein Vater nahm mich überallhin mit, aufs Feld, in den Wald und auf den Marktplatz in Bern, wo meine Mutter Gemüse, Eier und viele andere Esswaren den Kunden anbot. Druck auf mich machte nur mein älterer Bruder, der meine Fußballkünste scharf kritisierte. Die Kritik löste in mir keine Reaktion aus, was ihn zur Weißglut brachte. Ich brauchte neben meinen fixen Ämtern eine sportliche Betätigung. Fußball und Kunstturnen spielten in meiner Kindheit eine wichtige Rolle. Beide Sportarten haben mir Spaß gemacht, aber fanatisch auf die eine oder andere Sportart war ich nie. Im Winter bevorzugte ich das Kunstturnen, im Sommer mehr den Fußball. Im Fußball übte ich den Ball genau in die Ecke der großen Futtertüre der Pferde zu treffen, die ich mir vornahm. Ob rechts oder links, unten oder oben oder in die Mitte. Ich vollendete sie, weil es mir Spaß machte. Im Kunstturnen übte ich den Handstand und im Handstand auf den Händen zu laufen. Ich war der Einzige in der Jugendriege, der den Handstand beherrschte. Andere Sportarten interessierten mich nicht, Hornussen und Schwingen waren mir zu langweilig und zu einfach, obwohl meine Mitschüler diese Sportarten betrieben. Mein Vater war sportlich nicht aktiv, ob er als Schüler sportlich tätig war, hat er mir nicht verraten. Ich weiß nur, dass er nie in einer politischen Partei war. Er äußerte sich nur einmal, mit der Aussage: „Wenn du etwas nicht verstehst, informiere dich, und bilde deine eigene Meinung.“

Das erste Jahr in der Oberstufe langweilte mich besonders. Der Lehrer war ein älterer Herr von siebzig Jahren. Sein Nachruf als Lehrer war kurz und bündig: Religion und Heuen.

Täglich begann die Lektion mit Religion, und plauderte er vom auserwählten Volk Gottes, Israel. Eine Stunde später in der Lektion Schweizer Geschichte berichtete er, wie die Eidgenossen viele Schlachten gegen das Kaiserreich Österreich gewonnen hatten. Dass Israel, das damals noch nicht in der heutigen Form existierte, das auserwählte Volk Gottes sein soll, macht doch keinen Sinn, die Eidgenossen haben doch alle Schlachten gewonnen ...

Vergleiche Aussagen mit der Realität!

Das war die Lebensphase, in der ich unbewusst Aussagen mit anderen Ereignissen zu vergleichen begann.

Wenn in der Schule unter den Knaben ein Streich geplant wurde, war ich meistens führend auch dabei.

In unsere Klasse, in der Oberstufe, wurde ein älteres Mädchen zur Einschulung eingeteilt. Während des Krieges in Deutschland konnte sie keine normale Schulbildung erhalten. Sie holte die verpasste Bildung bei uns nach.

Sie war die Tochter einer Auslandschweizer-Familie, die nach dem Zweiten Weltkrieg in die Schweiz zurückkehrte. Ihre Mutter war ursprünglich Deutsche. Sie sprach nur Hochdeutsch, das war für uns damals schon Grund genug, sie als Fremde zu betrachten, weil sich damals in den meisten Schweizer Familien ein Hass gegen deutsche Bürger entwickelt hatte. Ich hatte meinen Vater in meiner Anwesenheit nie über den Krieg sprechen hören. Als Strafe für die Beleidigungen musste ich eine Woche lang über einen Umweg zur Schule und nach Hause gehen. Meinen Eltern hatte ich die auferlegte Strafe nie erwähnt, aber sie erfuhren es über andere Eltern. Mein Vater erklärte mir, dass das Mädchen eine Schweizerin sei und unseren Dialekt nur in Bruchstücken sprechen könne.

Dieses Erlebnis lehrte mich, vor dem Handeln, mich in die Lage zu versetzen, auf die sie keinen Einfluss nehmen konnte. Ich erinnere mich noch heute genau an den Ablauf und die Konsequenzen dieses Schulstreichs. Im Grunde war sie mir sehr sympathisch, obwohl sie älter war als ich. Sie strahlte eine Persönlichkeit aus, die sich von unseren Schulkameradinnen abhob. Das irritierte uns wahrscheinlich, wir wurden ja konservativ erzogen; es machte uns allen etwas Angst, weil wir die Realität von damals nicht verstanden.

Heute weiß ich, dass sich der Mensch nicht wesentlich vom Tier unterscheidet, beide haben Angst vor dem, was sie nicht kennen.

Vor wenigen Wochen begegnete ich einer Frau, die mit ihrem Hund spazieren ging. Wir kreuzten uns, und der Hund begann zu bellen. Wir sprachen kurz miteinander, während des Gesprächs schnupperte der Hund an meinen Beinen.

Einige Tage später kreuzten wir uns wieder, und der Hund blieb still, er weiß jetzt, dass ich für ihn keine Gefahr darstelle. Auf meiner Walkingroute begegnen wir uns öfter, und der Hund möchte am liebsten mit mir spielen, er kennt mich mittlerweile gut und vertraut mir.

Inzwischen habe ich Erfahrungen mit der Natur durch visuelle Beobachtungen, die mich zum Weiterdenken aufforderten. Schon als Zehnjähriger beobachtete ich bei schönem Wetter den Sternenhimmel und fragte mich, auf welchem Stern wir nach dem Tod weiterleben. Eine befriedigende Antwort habe ich nie erfahren. Als Bewegungsmensch bin ich im Winter eisgelaufen; zu meiner Jugendzeit schneite es viel, und der Schnee war hart gefroren, sodass ich mit den Schlittschuhen auf der Straße zum Schulunterricht sprinten konnte. Ich hatte Schlittschuhe, die man an hohen Schuhen anschrauben konnte. Wir nannten sie Absatzmörder, weil bei nicht gutem Sitz der Absatz abgerissen wurde.

Im Winter fällt Schnee, von Frühjahr bis Herbst fällt Regen aus den Wolken, und ich realisierte, dass die Wärme und Kälte dafür verantwortlich sind. Wenn sich die Wolken verdunkelten und mit hoher Geschwindigkeit auf uns zurollten, wusste ich, jetzt folgen Blitz und Donner sowie Starkregen und manchmal Hagel aus den Wolken. Vor dieser Naturgewalt hatte ich Angst und verkroch mich im Haus.

Mein Vater versuchte mir zu erklären, dass Naturgesetze manchmal schwer zu erklären sind und noch viel Erklärungsbedarf notwendig sei. Ich machte mir auch Gedanken, wieso sich so viele unterschiedliche Wolkenformen am Himmel bilden. Schon im Altertum und Mittelalter haben die Menschen, aufgrund wissenschaftlichen Erkenntnismangels, Götter für das Unwetter verantwortlich gemacht, weil sie mit dem Verhalten der Menschen nicht zufrieden waren. Heute weiß ich, dass das Machtgehabe der religiösen Obrigkeit war.

Nach der Pension habe ich als Hörer Meteorologie und Klimatologie studiert.

Das Wetter, dem wir täglich ausgesetzt sind, wird nach Modellen und Quantenphysik berechnet, und jährlich werden große Fortschritte präsentiert.

KI ist für Wetterprognosen und Voraussagen keine Hilfe, weil die Naturgesetze nicht den Algorithmen folgen. Dies ist ein weiter Beweis, dass der allergrößte Teil unserer Gesellschaft, vor allen die Jugend, sich von der KI leiten lässt.

Wer profitiert von dieser algorithmischen Beeinflussung der Menschen? Profiteure sind die politischen Parteien und die Wirtschaft.

Ab dem achten Schuljahr hatten wir einen jungen, progressiven Lehrer erhalten, der meinem Bewegungs- und Wissensdrang gerecht wurde. Die Zeit von Religion und Heuen war vorbei. Ich freute mich täglich, in die Schule zu gehen.

Während der Oberschuljahre erklärte mir mein Vater, wie der Wald naturgerecht bewirtschaftet wird. Wir hatten recht viel Wald, der bewirtschaftet werden musste. Im Herbst hatte mich mein Vater oft mit in den Wald genommen, um Buchen auszusuchen, die noch vor Winterbeginn gefällt werden mussten, akzeptiert die

Kundschaft in der Stadt mit Brennholz zu versorgen. Mein Vater erklärte mir in visueller Sprache, warum gerade dieser Baum gefällt werde und nicht der nebenan stehende. Zuerst beurteilt man den Einfall des Sonnenlichtes, dann das Wachstum des Unterholzes, das nach Jahrzehnten den Wald erneuert. Mein Vater war mir ein Vorbild, wie er jeden Tag die Gesetze der Natur befolgte.

Das war die wichtigste Phase meines Lebens, die mir die Grundlagen des eigenständigen Denkens für die Zukunft geschaffen hatte.

Die nachfolgenden Generationen könnten einen Teil meiner Erfahrungen nutzen, um ein eigenständiges Denken zu erlangen, aber die KI-Eufonie verhindert diesen Prozess. Sie verhindert auch den Vergleich mit der Realität und damit die psychische Entwicklung zu einem humanitären Charakter.

Hoffnungsvolle Vorschläge, um den nötigen Reifeprozess durchzuhalten, kann ich nicht anbieten, sie würden von der KI und wirtschaftlichem Druck zunichtegemacht. Versuchen Sie aber die Natur zu beobachten und Schlüsse daraus zu erarbeiten.

Der Orthopädie-Professor kritisierte uns, wenn wir etwas nicht richtig gemacht hatten, mit dem Satz: „Ihr müsst die Natur beobachten, die macht es immer richtig, nur ihr Lölen macht es immer falsch."

Die Lese- und Schreibschwäche

Damals sprach noch niemand von Legasthenie. Die Lehrerin forderte mich auf, den Satz mehrmals laut zu wiederholen. Die fehlerhaften Wörter musste ich zehnmal schreiben. In Naturkunde, Rechnen und Sport war ich dagegen sehr gut, was mich vor dem Wiederholen des Schuljahrs rettete.

An die Einschulung mag ich mich nicht mehr erinnern. Ich weiß, dass die Unterstufenlehrerin eine ältere, liebevolle Frau war. Sie hat mich wegen meiner Legasthenie nie bloßgestellt, im Gegensatz zur Mittelstufenlehrerin. Auch sie war eine ältere

Frau mit Erfahrungen als Lehrerin in Afrika. Ich wusste ja, dass ich Lese- und Schreibschwierigkeiten hatte, deshalb haben die Bloßstellungen bei mir keine Reaktion in meinem Denken ausgelöst. Die Lehrerin entschied, wer zur Sekundarschulprüfung gehen durfte. Sie hatte den Ruf, dass alle, die sie zu der Prüfung anmeldete, auch bestanden. Der Vater eines Schulkameraden hatte seinen Sohn ohne Anfrage der Lehrerin zur Prüfung angemeldet. Später verriet mir mein damaliger Freund, dass sein Vater am Vorabend der Prüfung einen Anruf von der Lehrerin erhalten habe. Über den Inhalt dieses Gespräches konnte er mir im Detail nichts sagen.

Mein Freund hat die Prüfung bestanden.

Das erste Jahr in der Oberstufe war für mich ein verlorenes Jahr. Jeden Morgen begann der Tag mit Religion, die mich überhaupt nicht interessierte. Zu Hause wurde Religion nicht kultiviert. Oft fragte ich mich: „Wie kommen wir in den Himmel nach dem Tod?“ Ich stellte mir vor, dass vielleicht ein Vogel mit meiner Seele in den Himmel fliegt.

Bekannt war in religiösen Kreisen die Züchtigung der Knaben ab Oberstufe. Das religiöse Ritual war damals gesellschaftlich akzeptiert. Die Ehefrau meines langjährigen Freundes stammte aus einer religiösen Familie. Sie erzählte mir nach dem Tod ihres Ehemannes, wie ihr Vater die beiden Brüder behandelt hatte. Sie konnte nicht einschlafen, sie musste weinen, weil sie das Jammern der Brüder im Nebenzimmer mit anhören musste.

Nach dem verlorenen Jahr bekamen wir diesen jungen Lehrer. Seine Art und Weise, wie er die Klasse führte, den Lehrstoff vermittelte begeisterte mich. Das war die Blütezeit der obligatorischen Schule. Ich wurde einer der besten Schüler. Das erste Mal empfand ich, dass ich ernst genommen wurde. Ich erwiderte ihm mit meiner Begeisterung in den Lektionen. Im Rechnen war ich immer gut. Ich arbeitete auch freiwillig an meiner Lese- und Schreibschwäche und wurde vom Lehrer unterstützt. Die Oberstufe organisierte eine zweitägige Schulreise aufs Schilthorn. Die Nacht verbrachten wir in einem Jugendheim oberhalb Mürren. Am andern Morgen sind wir aufs Schilthorn hochgestiegen auf 2970 m ü. M. Eine Woche später mussten wir einen Aufsatz schreiben über die Erinnerungen an die Schulreise aufs Schilthorn.

An diesem Vormittag hatte ich Mühe, den Aufsatz fertig zu schreiben. Diejenigen, die den Aufsatz nicht vollendet hatten, konnten ihn zu Hause fertig schreiben. Am Abend setzte ich mich an das Schreiben. Ohne Hilfe der Eltern kam mir die Stille auf dem Schilthorn in den Sinn. Kein Motorenlärm von Traktoren oder Autos war zu hören, außer dem Wind war es eine angenehme Stille, die ich fühlte. Der Aufsatz wurde vor der Klasse als Beispiel eines guten Aufsatzes vom Lehrer vorgelesen. Ich konnte es fast nicht glauben, dass ich zu einem solchen Aufsatz fähig war.

Erst in den 1960er Jahren wurde aufs Schilthorn eine Seilbahn gebaut.

Ende der 1960er Jahre wurde der James-Bond-Film „Im Geheimdienst Ihrer Majestät“ mit George Lazenby im Piz Gloria gedreht.

Zusätzlich zum normalen Schulprogramm bot er Französisch-Unterricht an, den ich natürlich begeistert besuchte. Im Deutschunterricht behandelten wir neben Rechtschreibung und Satzbau auch literarische Themen.

Wir lasen Ausschnitte aus Goethe oder Schiller und diskutierten über den Inhalt der gelesenen Texte. Mit Begeisterung verfolgte ich die Erläuterungen über „Nathan der Weise“ von Gotthold Ephraim Lessing. Die Ringparabel beeindruckte mich damals. Auch neben der Schule beschäftigte mich die Interpretation der Ringparabel. Das war so ein Kontrast zum alten Lehrer. Der junge Lehrer führte mich, für mich damals noch unbewusst, zum konsequenten Humanismus. Diese Schulperiode legte den Grundstein meines Lebenslaufes. Unter ihm wurde ich einer der besten Schüler. Er unterrichtete auf einem Niveau, das mich begeisterte.

DIE JUGENDJAHRE WÄHREND DER PRIMARSCHULZEIT

Der kirchliche Unterricht und der körperliche Bewegungsdrang

Während der letzten zwei Schuljahre mussten wir in den obligatorischen Kirchenunterricht. Die Kinderlehre fand am Sonntag statt nach der Predigt, die wir auch besuchen mussten. Eine Kontrolle wurde nicht durchgeführt. Als Aufgabe hatten wir Kirchenlieder und Texte aus der Bibel auswendig zu lernen.

Im Anschluss an die Predigt in der Kinderlehre dozierte der Pfarrer über die auswendig gelernten Bibeltexte. Ein Schulkollege informierte mich, dass der Pfarrer kurzsichtig sei und zu stolz, eine Brille zu tragen. Im Sommer hatte ich die Predigt ausgelassen, da ich sowieso nicht zuhörte, was er von der Kanzel predigte. Also entschloss ich mich, während der Predigt mit dem Fahrrad ins Nachbardorf zu fahren, wo ich die Stunde im Schwimmbad verbrachte. Neben Schwimmen übte ich auch vom Ein-Meter-Sprungbrett den Rückwärtssalto, später auch vom Drei-Meter-Sprungbrett. Zur Kinderlehre schmuggelte ich mich nach der Predigt durch die Hintertüre in die Kirche. Verraten hat mich zum Glück niemand. Im Sommer absolvierten wir die Turnstunde im Schwimmbad. Der junge Lehrer war der Auffassung, dass man Schwimmen lernen muss. Wegen des Schwimmunterrichts, und seiner progressiven geistigen Haltung, wurde der Lehrer von den konservativen Landwirten gemobbt. Zwei Jahre später wechselte er in eine Berner Stadtschule. Ich besuchte ihn zweimal nach der obligatorischen Schule, um Informationen über die Wiener Theaterschule Reinhard zu erfragen. Ich war damals auch begeistert von den Charakterdarstellern des französischen Filmes, wie Jean Gabin, Catherine Deneuve oder Yves Montand, dessen Filme mich stark beeindruckten. Als Legastheniker musste ich einsehen, dass ich dafür nicht geeignet bin. Ich wandte mich wieder der französischen Sprache zu. Meine Vorstellung war damals, die französische Sprache perfekt zu beherrschen. Dafür nahm ich in Lausanne Sprachunterricht bei einer Schauspielerin, die Radiomoderatorinnen und -moderatoren ausbildete. Ich durfte auch bei der öffentlichen Vorstellung im Theater einen Text vorsprechen. Heute weiß ich, dass mich diese Schule, auch meine Legasthenie, positiv beeinflusst hat.

Das familiäre Tabu

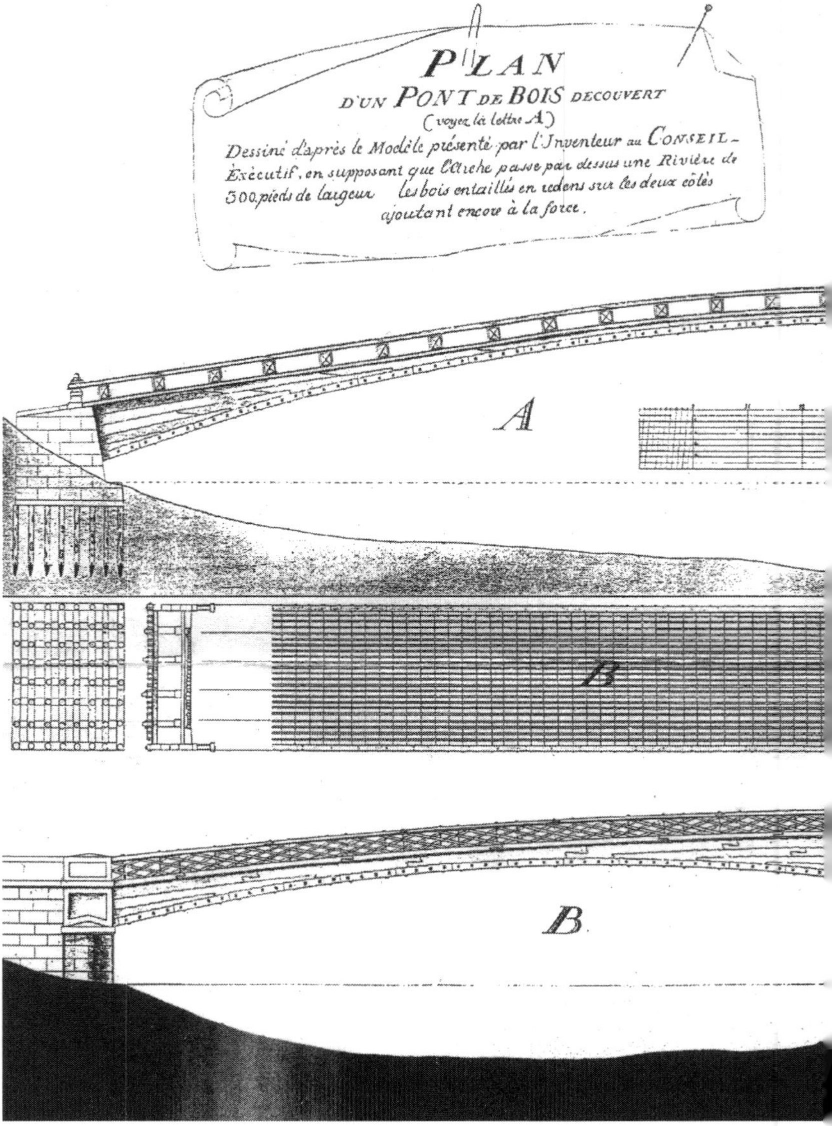
PLAN
D'UN PONT DE BOIS DECOUVERT
(voyez la lettre A)
Dessiné d'après le Modèle présenté par l'Inventeur au CONSEIL-
Exécutif, en supposant que l'Arche passe par dessus une Rivière de
300 pieds de largeur les bois entaillés en redens sur les deux côtés
ajoutant encore à la force.
A
B
B

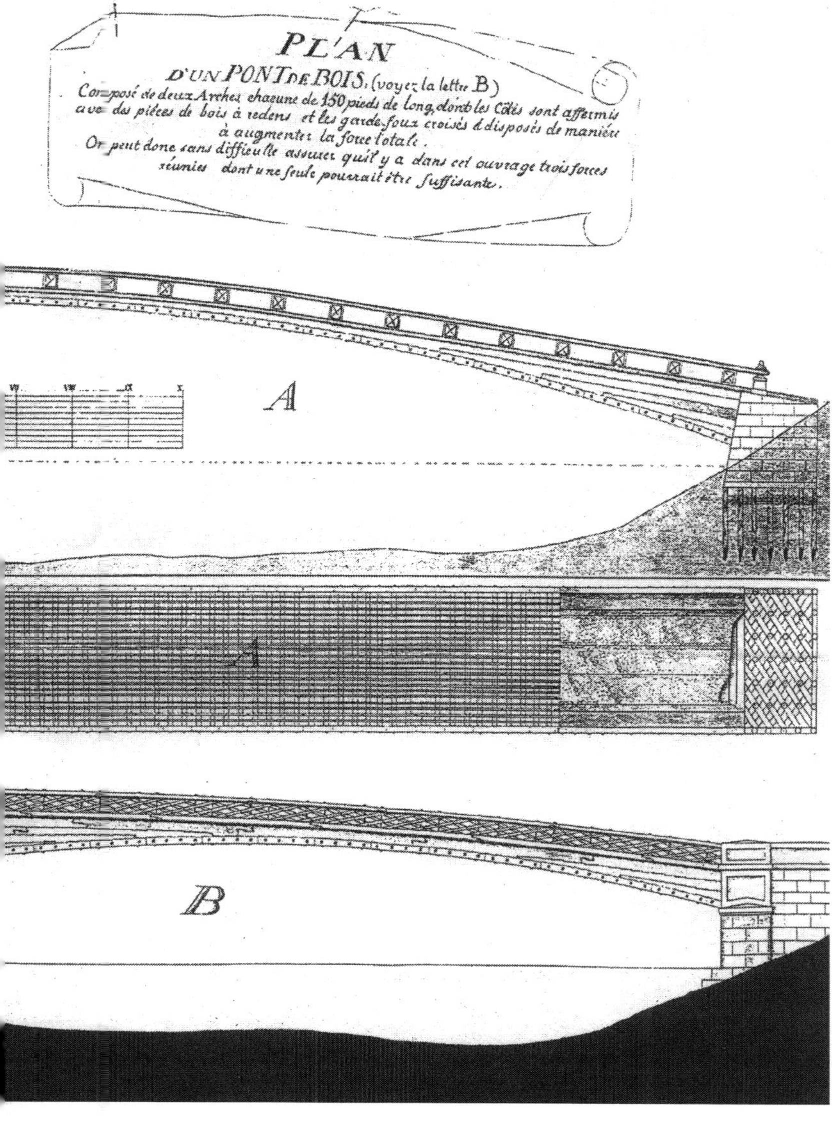
PLAN
D'UN PONT DE BOIS. (voyez la lettre B)
Composé de deux Arches chacune de 150 pieds de long, dont les Côtés sont affermis
avec des pièces de bois à redens et les garde-foux croisés & disposés de manière
à augmenter la force totale.
On peut donc sans difficulté assurer qu'il y a dans cet ouvrage trois forces
réunies dont une seule pourrait être suffisante.
A
A
B

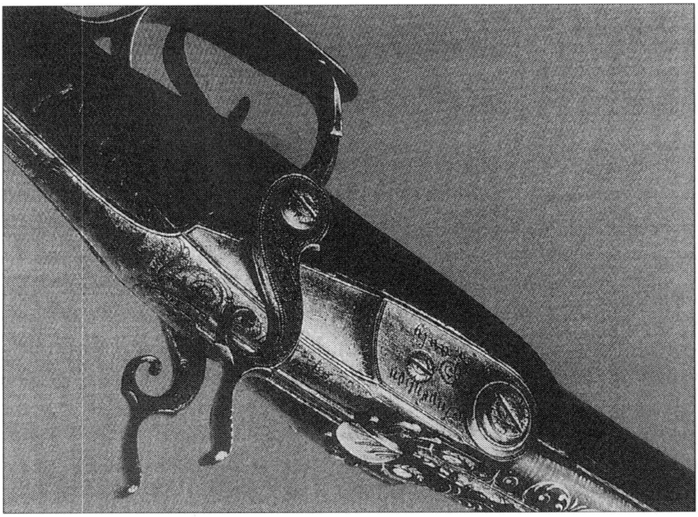

In unserer Verwandtschaft gab es ein Tabu, über das niemand sprechen wollte. Heute weiß ich den Grund des Schweigens. Von meinem Onkel, der im Aargau ein Haushaltsgeschäft besaß, habe ich erfahren, dass unser Stammvater aus dem süddeutschen Raum als Mundschenk zu einer Berner Patrizierfamilie ins Schloss Utzigen geholt wurde.

In Tat und Wahrheit war er Wagenbauer und Waffenschmied. Benedicht Pauli, 1736–1801, ist mein Stammvater. Er hatte zwei Söhne: Christian, 1756–1833, der in den Fußstapfen vom Vater den Betrieb weiterführte, und Samuel Johann, 1766–1821, der ebenfalls Wagenbauer und Waffenschmied als Grundausbildung hatte – ihn zog es nach Bern, an die Aare. In der Aare beobachtete er die Fische, wie sie Richtungsänderungen im fließenden Wasser vollziehen, sich in horizontaler und vertikaler Ebene bewegen können sowie Drehbewegungen um die eigene Körperachse ausführen.

1798 wurde er Artilleriewachmeister der Berner Truppen. Als Wagenbauer hat er die Artillerie umgebaut: Der fahrbare Teil der Kanonen und das schwere Kanonenrohr wurden separat an den Kampfplatz transportiert und erst am Ort wieder zusammengebaut. Damit hat er den Transport erleichtert und viel Zeit gewonnen. Samuel Johann kämpfte im Grauholz gegen die Truppen von Napoleon. Als er mit seiner Truppe nach Bern zurückgerufen wurde, wusste er noch nicht, dass Bern kapituliert hatte. Vor den Stadttoren hatte er zwei Husaren niedergestreckt. Nach dem Bernerpatrizier-Archiv soll er sich nach Genf abgesetzt haben, um einem Prozess auszuweichen.

Der Kriegsmord war das Tabu in meiner Verwandtschaft.

Mein Vater wurde 1890 geboren, und die Tat von Samuel Johann reichte noch bis ins 20. Jahrhundert. In Tat und Wahrheit wurde Samuel Johann von den Franzosen mit in die Helvetic integriert, weil sie seine Fähigkeiten und sein Potenzial erkannten.

1803 übersiedelte er nach Paris.

Gleichzeitig wechselte er seine Identität von Pauli zu Pauly.

Pauly ist ein Geschlechtsname, den es auch in der Französisch sprechenden Schweiz gibt.

Hier konnte er seine Vorstellungen eines lenkbaren Luftschiffes in die Tat umsetzen. Die Grundlagen für das Luftschiff entnahm er durch Beobachtung der Fische im fließenden Wasser der Aare. Wasser und Luft, trotz unterschiedlicher Materien, verhalten sich quantenphysikalisch gleich, und er entschied sich für die Fischform.

Diese Überlegungen von Samuel Johann bestätigen mir, dass er, wie ich, Lese- und Schreibschwächen hatte.

Noch in der Schweiz arbeitete er an Plänen für das lenkbare Luftschiff im Schloss Hindelbank. Für das Luftschiff wurde von zwei Funktionären der Helvetic Geld gesammelt, die beiden setzten sich mit dem Geld nach Amerika ab.

In Paris arbeitete er als Ingenieur an Plänen für den Wiederaufbau von zerstörten Brücken. Die Wiederaufbaupläne waren bis aufs letzte Detail ausgelegt.

Er muss Kenntnisse der Darstellenden Geometrie gehabt haben, wie die Pläne dies beweisen.

1804 stieg Samuel Johann mehrmals mit dem lenkbaren Luftschiff in den Pariser Himmel. Das Problem war die Steuerung, die von der Geschwindigkeit abhängig ist. Für die Lösung hinkte der technische Fortschritt noch hinterher.

Zeppelin konnte die Erfahrungen von Samuel Johann übernehmen und die Lorbeeren ernten.

Marschall Ney unterstützte Samuel Johann mit 50.000 Francs zur Förderung der Wissenschaft und Technik. Den gleichen Geldbetrag erhielt Marie Curie für die physikalisch-chemischen Grundlagenforschungen, und 1903 dafür den Nobelpreis.

1806 widmete er sich in Paris wieder der Büchsenmacherei. Er setzte einen Meilenstein mit der Entwicklung des Doppelläufigen Hinterladergewehres mit Patronen. Das neuartige Gewehr erlaubte 22 Schüsse in 2 Minuten abzufeuern. Dem Gewehr gab er den Namen Napoleon.

In Paris beschäftigte Samuel Johann einen preußischen Gesellen namens Dreyse. Nach der Niederlage von Napoleon ging Dreyse in seine Heimat zurück, und Samuel Johann nach London. Mit dem abgeänderten Abzugsbolzen rüstete er die Preußische Armee mit dem Pauli aus. Die Bruderschlacht Preußen gegen Österreich 1866 in Königsfeld endete siegreich für Preußen dank der hohen Schusskapazität des Doppelläufigen Pauly-Hinterladergewehres mit Patronen von Pauly, und Europa wurde durch den Sieg der Preußen verändert. Das Pauly-Gewehr schrieb europäische Geschichte.

Ich wurde zu einem Streitgespräch zwischen zwei Historikern, einem Preußen und einem Österreicher, eingeladen, die über die Schlacht von Königsfeld stritten. Die österreichische Armee konnte die schweren Kanonen wegen des aufgeweichten Bodens nicht schnell und richtig in Stellung bringen. Der Preuße konterte, gegen die Schusskapazität des Pauly-Gewehres habe Österreich den Krieg verloren. Dies leitete das Ende des österreichischen Kaisertums ein und veränderte Europa.

Samuel Johann setzte sich nach London ab. Dort traf er einen bekannten Schweizer Büchsenmacher, der bereit war, Samuel Johann für die Entwicklung eines Luftschiffes finanziell zu unterstützen. Das Luftschiff wurde auf den Namen Pauli patentiert. Das große Problem war immer noch der Antrieb, der notwendig war, um genügend Geschwindigkeit zu erreichen, damit das Luftschiff steuerbar wurde. Damals war die technische Lösung des Antriebes noch nicht so weit fortgeschritten.

Der Benzinmotor wurde erst 1869 von Nicolaus August Otto erfunden.

Samuel Johann starb 1821 in London.

Ein Beispiel der Neuzeit ist die Mikrochirurgie. Mikroskope gab es schon lange.

Die Mikrochirurgie nahm ihren Anfang in den 1950er Jahren. Die Technik war damals noch nicht so weit, dass man sehr dünne Nadeln herstellen konnte. Das Problem der Verschweißung der Nadel mit dem Faden war erst in den 1960er Jahren technisch möglich. Ohne diese Technik hätten wir die beiden Hände eines jungen Mannes nicht replantieren können. Ich bin stolz, dass ich auch zu diesem Team gehört habe.

Hat mir mein Stammvater ein Teil seiner Gene an mich und Samuel Johann weitergegeben?

Das Elternhaus

Der Bauernhof meiner Eltern liegt mitten im Dorf an der Hauptstraße nach Bern. Die Schmalspurbahn nach Bern führt direkt am Brunnen und einer hohen Pappel am Hof vorbei. Der Bahnhof befindet sich 300 m östlich von uns. An den Bahnlärm hatten wir uns gewöhnt und nahmen den hochfrequenten Ton durch die Schienen in der Kurve auch nicht mehr wahr, außer wir arbeiteten etwas am Brunnen. Das Dorf liegt an der Südflanke eines 947 m ü. M hohen Hügels. Heute steht am höchsten Punkt ein 150 m hoher Sendeturm, der schon von Weitem sichtbar ist. Unser Tal verläuft parallel zum Aaretal, getrennt durch einen flachen Hügelzug. Das Ackerland, das zum Hof gehört, befindet sich einerseits am Südhang des hohen Hügels und andererseits im Tal. Ebenfalls gehört zum Hof recht viel Wald, der größte Teil war Buchenwald, nicht weit vom Hof.

Meine Tante führte ein Restaurant im Dorf. Im Winter, wenn Theaterstücke von Jeremias Gotthelf im Radio gesendet wurden, kam sie abends zu meiner Mutter, und beide verfolgten das Hörspiel. Im Restaurant war zu viel Lärm. Im Wohnzimmer bei uns stand ein Kachelofen mit einem Guggeli. Ich positionierte mich zwischen die beiden Frauen mit angezogenen Oberschenkeln und den Füßen im warmen Guggeli. Ich war ungefähr fünf oder sechs Jahre alt. Die Wärme der beiden Frauen und die Wärme des Ofens fließen noch heute durch meinen Körper, wenn ich an diese Zeit denke. Das Theaterstück interessierte mich damals nicht, aber das Gefühl der Wärme, das der Ofen und die beiden Frauen ausstrahlten, gab mir Sicherheit.

Ich bin kurz vor dem Krieg geboren. Die Schweiz musste sich autark versorgen, d.h., die gesamte Nahrung musste in der Schweiz hergestellt werden. Die Landwirte mussten für den Winter Nahrungsvorräte anlegen, Kartoffeln lagern und Früchte, Gemüse und vieles mehr sterilisieren. Meine Taufpatin kam an einem Sonntag auf Besuch. Zwei Schwestern erzählten mir unabhängig voneinander die Geschichte des Besuches meiner Taufpatin.

Meine Mutter hatte mich in den Keller eingeschlossen, weil sie wahrscheinlich nicht bemerkt hatte, dass ich mich in den Keller eingeschlichen hatte, so wird es erzählt. Aus Wut hatte ich Sauerkraut aus dem Topf an die Wände geschmissen. Ich war vier oder fünf Jahre alt.

Meine Mutter pflanzte Gemüse aller Art, Teekräuter, Blumen und vieles mehr an. Zusätzlich hatten wir einen großen Hühnerhof. Für all das war die Mutter zuständig. Gemüse, Kartoffeln, Eier und auch Hühnerfleisch, Letzteres auf Bestellung. Im Sommer hatte meine Mutter Hilfe von den beiden noch ledigen Schwestern. Im Winter traten beide eine Stelle als Haushälterin und Kindermädchen in einer Metzgerei an. Als die Schwestern noch schulpflichtig waren, hatte meine Mutter eine Haushaltshilfe. Die neun Kinder waren etwa zwei oder drei Jahre auseinander. Die letzte Haushaltshilfe heiratete einen Bergbauer in der Region Gstaad. Sie wurde meine Patientin, als ich eine Übergangsstelle in Gstaad antrat. Sie konnte fast nicht glauben, dass dieses kleine Kind, das sie hüten musste, Arzt geworden war.

Mein Vater kaufte ein Auto und dazu einen kleinen Anhänger. Mit diesem Gefährt fuhren sie mit der Ware nach Bern. Der Opel Blitz war das zweite Auto im Dorf, das andere gehörte dem Doktor.

Mein Vater war nie handgreiflich gegenüber mir, aber als ich einem Huhn mit dem Beil den Kopf abschlug, hat er mich übers Knie genommen und verprügelt. Das Huhn war eine Bestellung einer Kundin auf dem Markt. Ein Schulkollege erzählte mir, wenn du einem Huhn den Kopf abtrennst, springt es ohne Kopf davon. Ich habe das Huhn gefangen und wartete auf meinen Vater, der einige Minuten verspätet kam. Das Spiel mit dem Huhn ist mir während der Wartezeit in den Sinn gekommen. Ich wagte das Experiment und trennte mit dem Beil den Kopf ab. Das Huhn sprang tatsächlich ohne Kopf davon, meinem Vater entgegen, der gerade um die Ecke kam und mit rotem Kopf auf mich zulief.

Jetzt wusste ich, jetzt hat es Folgen. Ich sehe das Huhn noch heute, wie es ohne Kopf davonsprang und das Blut aus dem Hals schoss. Damals wusste ich noch nicht, dass aus mir ein Chirurg würde. Ich habe noch andere Experimente durchgeführt, an die ich mich nicht mehr erinnern kann, sie waren sicher harmlos. Ich musste auch beim Kastrieren junger Ferkel helfen, indem ich, auf einer Bank sitzend, das Tier rücklings zwischen die Oberschenkel klemmte und die Hinterbeine mit den Händen festhielt. Mein Vater ortete die Hoden und zog sie unter die Haut. Mit einem scharfen Skalpell machte er durch die Haut einen kurzen präzisen Schnitt, zog die Hoden ins Freie, durchschnitt die zuführenden Gefäße und füllte die Wunde mit Pflanzenöl. Gleiches Vorgehen auf der Gegenseite. Beim Hautschnitt gab das Ferkel einen kurzen Ton von sich. Ich stellte das Ferkel auf die Beine, und es lief grunzend davon.

Einige Jahre später besuchte ich am Geburtstag meines Vaters den Hof. An diesem Tag war der Tierarzt zum Kastrieren der Ferkel auf dem Hof meines Bruders.

Eine Leiter stand schräg an der Wand, ein älteres Ferkel hing narkotisiert, mit den Hinterbeinen rücklings an der Leiter fixiert, Kopf nach unten. Während der Tierarzt die Operation durchführte, sagte ich ihm: „Beim Zweibeiner ziehe ich die hochstehenden Hoden nach unten, ohne sie zu entfernen." Der Operateur schaute mich fragend an. „Sie wissen ja gut Bescheid." Ich antwortete ihm, dass ich als Assistent auf der Kinderchirurgie arbeite und solche Eingriffe schon oft durchgeführt habe. Nach der Blutstillung wurde die Wunde mit einem bis zwei Nähten verschlossen.

Die Familie

Geboren wurde ich als zehntes Kind in einem Privatspital in Bern um fünf Uhr morgens, so wurde ich später von meiner älteren Schwester informiert, auf meine Nachfrage. Ein Studienfreund, der eine Neigung zur Wahrsagerei hatte, ortete meinen Charakter als Aszendenztypen ein. Das sind Menschen, die in der Aszendenz, bei Sonnenaufgang, geboren wurden. Aszendenzmenschen haben einen bewussten, aufrechten Charakter. Ich konnte mir nicht vorstellen, was genau er damit sagen wollte. Ich habe mich bis jetzt nicht mit Sternbildern befasst, gehört und gelesen darüber habe ich nicht. Ich hatte Mühe zu glauben, dass die planetaren Kräfte auf die Geburtszeit eines Menschen Einfluss nehmen sollen. „Gilt das auch für die Tiere?", habe ich mich gefragt, „das sind ja auch Lebewesen." Also ließen wir das Thema ruhen, blieben aber trotzdem gute Freunde weit über die Studienzeit hinaus. Er wurde Homöopath mit eigener Praxis, homöopathischer Praxis.

Meine Geschwister wurden alle zu Hause zur Welt gebracht unter Aufsicht einer Hebamme. Probleme bei den Geburten seien nach Aussagen meiner Geschwister nie aufgetreten. Als Nachzügler von fast einer Dekade wuchs ich praktisch als Alleinkind auf.

Meine Geschwister, fünf Brüder und vier Schwestern. Der älteste Bruder und zwei jüngere Schwestern lebten noch zu Hause. Die beiden Schwestern arbeiteten im Winter als Haushaltshilfe in einer Familie mit Kindern und Geschäft. Im Sommer wurden sie auf dem Hof eingesetzt. Beide heirateten einen Landwirt. Die beiden älteren Schwestern waren verheiratet mit einem Landwirt, die andere war mit einem Ingenieur verheiratet. Diese Schwester war die Drittgeborene und wuchs bei der Schwester meiner Mutter im Baselland auf. Bruder und Schwester meiner Mutter waren kinderlos, sodass eine Schwester als Kind bei der Schwester meiner Mutter aufwuchs. Meine Eltern pflegten engen Kontakt zu unserer Schwester. Den genauen Umstand habe ich nie erfahren. Als Erwachsene hatten wir alle, bis heute, mit ihrer Familie einen sehr guten Zusammenhalt. Mit ihren beiden Töchtern habe ich noch heute einen engen Kontakt.

Das Nachfolgegesetz wurde geändert, sodass die Hofübernahme dem Jüngsten zufiel, also mir. Der älteste Bruder verließ den Hof und wurde Bahnangestellter. Meine Eltern wussten, dass ich altershalber den Hof nicht übernehmen konnte. Sie wählten den Drittjüngsten aus. Ich zeigte auch kein Interesse, den Hof zu übernehmen.

Damals beschäftigte ich mich vor allem mit Körperbewegungen im Fußball und Kunstturnen. Im Fußball hatte ich den Ruf, dass ich dem Gegner zwischen den Augen durchlaufe, so schnell konnte ich die Richtung wechseln oder auch vortäuschen.

In der Jugendriege war ich auch der Beweglichste und derjenige mit der besten Balance.

Ich hatte immer eine Vorstellung, wie eine Übung nach meinem Können zusammengestellt werden muss, um die Schiedsrichter zu überzeugen, mir gute Noten zu geben.

Das gelang mir aber nicht immer, weil ich den ausgewählten Schwierigkeitsgrad nicht ohne Fehler durch die Übung brachte.

DIE REIFEZEIT

Meine Generation hatte noch wenig Einflüsse von außen. PC und Handy waren noch nicht erfunden. Wer auf dem Land aufwuchs, musste die Freizeit mit den Kollegen während der Schule organisieren.

Sportliche Veranstaltungen mit Zuschauern gab es wenige, außer im Fußball, Hornussen und Schwingen.

Ich war YB-Fan und besuchte jedes Heimspiel.

Drogen waren damals noch kein Thema. In den letzten Schuljahren rauchten wir Niele, gemeine Waldrebe, verwandt mit der Clematis. In der Niele befindet sich ein Nervengift, Protoanemonin. Im Sommer trafen wir uns am Waldrand und rauchten Niele. Trotz des bitteren Rauches haben wir in der Gruppe die Niele geraucht. Über die Giftstoffe in der Pflanze wusste niemand Bescheid.

Ich rauchte nur wenig, weil mich der bittere Geschmack anwiderte.

Wir rauchten wahrscheinlich Niele, um den langweiligen Sonntag zu verschönern.

Alkohol und Zigaretten durften wir als Minderjährige nicht konsumieren.

Als Drogenersatz rauchten wir Niele.

Haschisch und Marihuana waren in meiner Jugendzeit noch nicht bekannt.

Beide Drogen erzeugen das Gefühl von Euphorie und Entspannung.

Die Jugend des 21. Jahrhunderts leidet unter körperlicher und geistiger Überforderung durch aufdringliche Informationen und Werbung über das Internet.

Die Gier unserer Gesellschaft verhindert die Reifezeit der heranwachsenden Jugend.

Meine Reifezeit war deutlich unbelasteter von Informationen und Werbung.

Aber dafür stand mehr Zeit zur Verfügung für Entspannung in der Natur und Hobbys, die Freude machten, wie Kunstturnen, Segelfliegen und Fußball.

Meine Reifezeit begann mit der Lehre als Bäcker-Konditor in Colombier, Kanton Neuenburg, im Frühling 1954. Der Neuenburger Dialekt sei der schönste in der französischsprachigen Schweiz, war die überwiegende Meinung in der deutschsprachigen Schweiz.

Beurteilen konnte ich die generelle Meinung nicht.

Da ich keine Vorstellung hatte, welchen Beruf ich als Erwachsener ausüben möchte, empfahl mein Bruder, als gelernter Bäcker-Konditor, mich ins Welschland in eine Bäckerei als Ausläufer zu platzieren. Er vermittelte meinen Eltern auch zwei Adressen in Colombier, im Kanton Neuenburg. Er organisierte einen Termin mit den beiden Bäckereien. Ich freute mich, endlich richtig Französisch zu lernen. Für die Vorstellungsgespräche reisten wir mit dem Zug an. Die Reise nach Colombier begann mit der Schmalspurbahn nach Bern, dann umsteigen im Hauptbahnhof nach Neuenburg, dort wechselten wir auf den Zug nach Colombier. Angekommen, gingen wir zu Fuß ins Zentrum des Dorfes, da der Bahnhof einen Kilometer oberhalb des Zentrums lag.

In der ersten Bäckerei hat es mir gefallen, meiner Mutter eher weniger, weil ich erst um zweiundzwanzig Uhr zu Hause sein musste. Ich wurde auch dem Lehrling Heinz aus Murten vorgestellt, der mir sofort sympathisch erschien.

Die zweite Bäckerei befand sich zwischen der katholischen und der protestantischen Kirche an der Rue du Château, einer mittelalterlichen, großen Burg mit ebenso großem Innenhof. In dieser Burg waren die Infanterie-Rekrutenschule und die Offiziersschule untergebracht. Die Lage des Hauses war gut und näher am See, aber der Lehrling, mit dem ich das Zimmer teilen musste, war mir weniger sympathisch als Heinz in der ersten Bäckerei. Ich hätte die andere Bäckerei bevorzugt. Meine Mutter entschied sich für die Bäckerei an der Rue du Château, weil ich um einundzwanzig Uhr abends zu Hause sein musste. Ich akzeptierte den Entscheid, ohne zu murren. Im April, nach Primarschulende, brachte mich meine Mutter nach Colombier.

Ich habe mich sehr schnell integriert. Ich wollte möglichst bald mit Französischunterricht beginnen. Meine Chefin vermittelte mir Unterricht bei einer pensionierten Professorin der Universität Neuchâtel. Wir vereinbarten zu Beginn eine Lektion pro Woche am Abend. Mein Chef kam ursprünglich auch aus der Deutschschweiz, wie auch der Vater der Chefin. Sie bemühte sich, mit mir Französisch zu sprechen, und verlangte von mir, ebenfalls auf Französisch zu antworten. Mit dem Chef sprach ich Schweizerdeutsch. Mit den Kunden Französisch, so gut es ging. Nach kurzer Zeit hatte sich mein Vokabular stark vergrößert. Meine Lehrerin bearbeitete mit mir nicht nur Grammatik und Satzlehre, sondern auch französische Literatur. Ich musste etwa zehn Seiten aus L'Étranger von Albert Camus lesen. Am Ende der Lektion sprachen wir über den Inhalt sowie über die Zeitanwendungen und das Vokabular. Diese Methode hat mir das Erfassen der französischen Sprache erleichtert. Wir bearbeiteten zusammen noch andere französische Dichter wie Gustave Flaubert: Madame Bovary, sowie Jean Paul Sartre: La Nausée (Der Ekel).

Der Lehrling aus dem Engadin beendete im Herbst seine Lehre nach drei Jahren. Der Chef fragte mich, ob ich die Lehrstelle als Bäcker-Konditor antreten möchte. Meine Antwort war „Ja", ohne groß zu überlegen. Ich erhöhte danach den französischen Unterricht auf zwei Stunden wöchentlich.

Der Fremdsprachen-Unterricht mit der emeritierten Professorin hat auf meine Legasthenie einen positiven Einfluss gehabt.

Die neuen Erfahrungen, mit denen ich konfrontiert wurde in den ersten sechs Monaten, überdeckten meinen früheren Drang für körperliche Bewegungen, aber nach sechs Monaten wurde ich Mitglied des lokalen Turnvereines. Ich konnte wenigstens einen Abend pro Woche meine körperliche Beweglichkeit aufrechterhalten. Für den Fußball reichte die Zeit nicht.

Colombier hatte auch einen Flugplatz mit einer Graspiste. Die große Ebene oberhalb von Colombier musste die Fliegerei mit dem Militär teilen.

Durch den Verkauf von Backwaren hatte ich guten Kontakt zu den Flugzeugmechanikern, die teilweise Deutschschweizer waren.

Mich interessierte das Segelfliegen, und so kam ich mit den Segelflugpiloten ins Gespräch, von denen die meisten auch Motorfliegerpiloten waren. Nach einem Jahr zügelte der Aeroklub auf den neu erbauten Flughafen mit Betonpiste im Flachland am Neuenburger See. Der Aeroklub hatte auch eine Segelfluggruppe. Die Motorflugzeuge, die der Aeroklub warten musste, waren Privatflugzeuge von Geschäftsleuten aus der Uhrenbranche. Der Chefpilot war auch Schweizer Meister im Langstreckenflug mit dem Segelflugzeug. Ich beobachtete vom Dorf aus oft, wie das Segelflugzeug mit dem Schlepper in die Luft gezogen wurde und in einem Kreisbogen in die Jurahöhen verschwand. Es muss ein wunderbares Gefühl sein, ohne Motor zu fliegen. Start und Landung richten sich nach der Windrichtung, beide werden gegen den Wind ausgeführt. Wenn der Wind aus Nordosten wehte, konnte ich den Start vom Dorf aus nicht verfolgen, oder nur kurze Zeit während der Linkskurve, dann verschwanden die Flugzeuge im Burgunderloch, wie die Neuenburger das Val de Travers nannten, über das man ins Burgund gelangte. Für mich war das immer eine faszinierende Ansicht des Startes vom fixen Boden aus.

Ich mag mich noch sehr gut an den Sirenenlärm erinnern, als die Feuerwehr auf den alten Flugplatz ausrückte, und wenig später folgte das Geheul des Rettungswagens aus Neuenburg. Der Chefpilot verunglückte bei einem Testflug eines revidierten Motorflugzeuges tödlich. Die genaue Ursache des Absturzes in der späten Startphase habe ich nie erfahren. Gerüchte über den Unfall kursierten schon. Ich war fast täglich in den Werkhallen, ging ein und aus wie ein Angestellter und kannte fast jeden persönlich mit Vornamen. Neue Hangars, ein Terminal, Werkstätten wurden gebaut. Ein richtig großer Flughafen entstand. Mich begann das Segelfliegen zu begeistern. Ich sprach oft mit den Werkstattangestellten über das Fliegen ohne Motor und stellte viele Fragen. Ich merkte aber bald, dass mir die Grundlagen fehlten zum vollständigen Einordnen der Antworten, und musste immer wieder nachfragen. Teilweise verstand ich die französischen oder englischen Fachausdrücke nicht. Der Segelfluggruppe gehörten fünf Segelflugzeuge. Samstagnachmittag und Sonntag verbrachte ich auf dem Flugplatz, amtete als Starthelfer mit Flügelhalten beim Start und Bereitstellen des Zugseiles, das im Tiefflug neben der Piste abgeworfen wurde. Für den nächsten Start verkuppelte ich mit dem Seil den Schlepper mit dem Segelflugzeug zum Horizontalhalten der Flügel beim Start. Ich wurde damit belohnt, mit einem Fluglehrer mitzufliegen. Heute fällt die aufwendige Arbeit mit der Seilverkupplung weg, da der Schlepper nach dem Entkuppeln im Segelflieger das Seil automatisch einzieht.

Nach einigen Flügen durfte ich im Vordersitz als Hilfspilot mitfliegen und das Flugzeug steuern, außer bei Start und Landung. Für Zusatzflüge musste ich einen kleinen Beitrag bezahlen. Ich habe, wenn ich ab und zu nach Hause fuhr, um Geld gebeten; damit ich für notwendige Sachen etwas Reserve hatte, gab mir die Mutter zehn bis zwanzig Franken.

Nach der Lehre hatte ich einen Lohn, und ich konnte mir Flugstunden mit Fluglehrer leisten, bis ich solo fliegen durfte. Während der Flugstunden wurde mir mein Wissensdefizit klar vor Augen geführt. In den 50er Jahren gab es noch keine bis wenig Literatur übers Segelfliegen, einige Vorschriften, wie man sich verhalten muss, gab es schon, aber die beantworteten mir nicht mein physikalisches Defizit.

Man sagte etwa, wenn du am Jurasüdfuß entlangfliegst, kommst du ab Yverdon in die Nähe der An- und Abflugzone des Flughafens Genf. Ab dem Lac de Joux musst du zurückfliegen und beim Wenden auf die französische Grenze achten. Halte Funkkontakt mit dem Flughafen Genf. Das Gleiche gilt für die Überquerung des Lac de Neuchâtel. Auf der anderen Seite des Sees befindet sich ein Militärflughafen. Hier ist man noch mehr eingeschränkt, deshalb habe ich auf die Überquerung des Sees verzichtet, weil ich zu wenig Erfahrung mit der Funkkontaktaufnahme hatte.

Mein Bruder kaufte in Genf ein Bäcker-Konditor-Geschäft und bat mich, zu ihm nach Genf zu kommen bis zur Rekrutenschule. Ich nahm das Angebot an.

Das Segelfliegen machte eine Pause bis nach der Pension.

Der Lehrling der Bäckerei, die meine Mutter für mich ungeeignet einstufte, war bereits im zweiten Lehrjahr und drei Jahre älter, da er bereits zwei Jahre an der École de Commerce in Neuenburg studierte.

Heinz wurde schnell mein Freund. Wir verstanden einander sehr gut. Wir fuhren wöchentlich einmal mit dem Fahrrad nach Neuenburg in die Gewerbeschule. Er besuchte die fortgeschrittene Klasse, und ich ging in die Anfängerstufe. Es gab zwei verschiedene Wege, Neuenburg zu erreichen. Zum einen die Seeroute. Die Bergroute führte über Peseux nach Neuenburg. Diese Route nahmen wir, wenn wir die Ausdauer trainieren wollten. Peseux lag hundert Meter über dem Seespiegel. Auch in der Freizeit trafen wir uns regelmäßig zwei bis drei Mal die Woche. Das Wochenende verbrachte er bei seinen Eltern in Murten. Sie betrieben eine Bäckerei-Konditorei, die er später übernehmen musste. Beim nächsten Besuch bei meinen Eltern besorgte ich mir ein langes Seil, an dem ich die Fassade hochklettern konnte. Mein Zimmer war im dritten Stock. Das Treppenhaus hatte im zweiten Stock ein Fenster, das meine Eingangstüre werden sollte. Ich fixierte das Seil an einem Haken, der neben dem Fenster in die Innenwand fixiert war. Am Seilende hatte ich eine dünne Schnur angebracht, an der ich das Seil herunterziehen konnte. Vor dem Abendausgang habe ich die Verriegelung des Fensters inaktiviert, sodass von draußen niemand merken konnte, dass das Fenster entriegelt war. Das Fassadenklettern war für mich einfach, da ich damals nur etwa 45 kg auf die Waage brachte und gut 150 cm groß war. Das funktionierte eine Weile sehr gut, bis mich eine Passantin beim Klettern entdeckte. Sie erkannte mich und meldete meine Kletterei am nächsten Tag meiner Chefin. Nach kurzer Diskussion mit dem Lehrmeister bekam ich einen Hausschlüssel und Ausgang bis zweiundzwanzig Uhr.

Vorher musste ich mich immer melden, damit die Türe über einen Knopfdruck geöffnet wurde.

Ein weiterer Streich, den ich vollbracht habe, entstand nach Beobachtung, die ich aus dem Zimmerfenster gemacht habe. Es betraf die Schwester eines aus Italien eingewanderten Bauunternehmers, die mehrere Male pro Woche vor sechs Uhr morgens die katholische Kirche betrat. Ich kannte sie von meiner Ausläuferzeit her. An einem Sonntagmorgen habe ich sie beobachtet, als sie die Kirche betrat.

Sie war eine Frau im mittleren Alter, die ihrem Bruder den Haushalt machte.

Ich besorgte einen etwa zwei Kilogramm schweren Stein, den ich neben dem Haus fand, und legte ihn auf den äußeren Türgriff. Nach etwa zehn Minuten öffnete sich die Kirchentür. Statt der Frau trat der katholische Priester aus der Kirche, und der Stein fiel ihm vor die Füße. Er ahnte, wer der Urheber dieses Streiches war. Er meldete den Vorfall meinem Lehrmeister, und ich musste mich bei ihm entschuldigen. Trotz Erklärung der Harmlosigkeit des Streichs war er nicht sehr begeistert. Er verzichtete auf weitergehende Maßnahmen.

Mit Heinz hatte ich oft abends Ausgang. Im Sommer waren wir häufig zusammen am Seeufer und im Robinson. Jeden Mittwoch- und Samstagabend spielte ein Tanzorchester bei schönem Wetter. Die Tanzfläche war direkt am See und nicht bedacht. Auf beiden Seiten des Hotels waren Ferienhäuser gebaut worden, die vor allem an Wochenenden besetzt waren. Auf der Westseite des Hotels waren die Häuser größer und mit mehr Komfort ausgebaut als auf der Ostseite. Die Zufahrtswege verliefen entlang des schmalen Waldstreifens zu den Ferienhäusern. Die Häuser waren ein Statussymbol entsprechend der Finanzkraft des Besitzers. Zu dieser Zeit hatte die Neuenburger Uhrenbranche großen Aufschwung mit alten Pendulen und neuartigen Armbanduhren. Als Ausläufer hatte ich am Samstagmorgen den Auftrag, Brot, Gipfeli, Weggli etc. zu verkaufen. Ich bewegte mich mit der mittragenden Ware entlang des Ufers und brüllte „Boulanger, Boulanger, Boulanger“, bis die Leute aus dem Haus zu mir kamen.

Auf der Ostseite lagen die einfacheren und älteren Häuser mit wenig Komfort und ohne Autozufahrt. Auch hier habe ich Backwaren verkauft. Die Besitzer waren einfachere Leute mit guter Schulbildung, die nicht auf Status ausgerichtet waren. Hier hatte ich manchmal gute Gespräche mit Besitzern. Ich erinnere mich an ein kurzes Gespräch, das in einem ausgedehnten endete. Der Gesprächspartner war Geschichtsprofessor, ich verriet ihm, dass ich Berner bin. Auf diese Weise führte das Gespräch zur Beziehung von Bern zu Frankreich. Wohlhabend waren die Berner Patrizier durch militärische Kooperation mit dem französischen Königreich geworden und dadurch sehr reich. Töchter und vor allem Söhne der Patrizier wurden am Königshof erzogen. Neben der Muttersprache Berndeutsch war die Umgangssprache der Patrizier Französisch fast bis ins 20. Jahrhundert. Mit dem Einmarsch der Franzosen in die Region Bern erhoffte sich Napoleon, über den Berner Reichtum seine Truppen zu finanzieren. Die Stadt und die Umgebung wurden in die Helvetic integriert, wie Napoleon die besetzten Gebiete nannte, die er kontrollierte.

Der Lehrmeister hatte in die Bäckerei eingeheiratet. Die Chefin war die Tochter des vorherigen Besitzers. Sie war zuständig für Verkauf und Bestellungen. Zur Entlastung war eine Köchin angestellt, geboren wurde sie in Appenzell, war aber schon viele Jahre im Welschland, wie die Deutsch sprechenden Schweizer den Französisch sprechenden Teil der Schweiz nannten. Sie kochte nach französischer Art. Ich liebte die französische Küche. Sie war anders, als ich sie von zu Hause gewohnt war. Mein Körper wuchs in die Höhe, nach drei Jahren erreichte ich die Größe von 170 cm. Innerhalb dreier Jahre habe ich 22 cm an Größe gewonnen. Die Größenzunahme hat mir viel Vertrauen gegeben. Mädchen sprachen öfters mit mir, vorher wurde ich von ihnen als uninteressanter Knaben betrachtet. Während dieser Zeit habe ich mich für einen Streckapparat interessiert. Zum Glück habe ich kein Geld dafür gehabt.

Mit Heinz war ich abends oft am Seeufer, wir warfen flache Steine über die Wasseroberfläche und schauten, wer die Steine weiter werfen konnte.

Eines Abends entdeckten wir ein nicht angebundenes Ruderboot inklusive Ruder. Die Sonne ging unter, und die Nacht brach herein. Wir schauten in die Umgebung, ob jemand uns beobachtete, und entschieden uns, ans gegenüberliegende Ufer zu rudern und zurück. Abwechselnd ruderten wir über den See ans andere Ufer, und etwa nach einer Stunde erreichten wir es. Die Rückfahrt war etwas länger, in der dunklen Nacht richteten wir den Blick als Kompass auf die Lichter von Colombier, um die Richtung einhalten zu können.

Oft trafen wir uns im Kino, vor allem wenn französische Filme der jungen Generation gezeigt wurden. Diese behandelten die Themen, die uns interessierten. Alain Delon, Jean-Paul Belmondo, Louis de Funès, Brigitte Bardot, aber auch die Charakterdarsteller der älteren Generation wie Jane Mauron, Catherine Deneuve und Jean Gabin.

Catherine Deneuve und Jean Gabin hinterließen in mir unbewusst einen bleibenden Eindruck. Ich stellte mir vor, auch einen solchen Charakter zu erreichen, wie sie im Film dargestellt wurden.

Brigitte Bardot bin ich später in Genf einmal begegnet, als sie ihre Tante besuchte, die nur 150 m von der Bäckerei-Konditorei meines Bruders wohnhaft war. Jean-Paul Belmondo bin ich in Bern beim Nachtessen in einem Restaurant begegnet, als er mit dem Bondgirl Ursula Andress am Nebentisch dinierte. Die beiden kommunizierten untereinander auf Französisch. In der Stadt Bern wurde in den Privatschulen Französisch schon ab der vierten Klasse unterrichtet.

Im Restaurant Couronne spielten wir im Winter im Spielsalon. Zwei Fußballtische und ein Billardtisch standen im Raum. Wir spielten vorwiegend am Fußballtisch gegeneinander. Für zwanzig Rappen konnten wir eine halbe Stunde spielen. Übers Wochenende war Heinz zu Hause in Murten.

Das störte mich nicht, da ich daneben die Fliegerei entdeckt hatte.

An einem schönen Herbstabend verbrachten wir längere Zeit im Robinson und diskutierten mit gleichaltrigen Jungen und Mädchen. Gegen halb zehn machten wir uns auf den Heimweg Richtung Seebad. Zwischen dem See und den Ferienhäusern entdeckten wir einen kleinen Schilfbrand, der sich schnell ausbreitete. Wir dachten ans Löschen des Brandes, aber wir fanden keine Möglichkeit, da sich der Brand in rasender Geschwindigkeit ausbreitete. Irgendjemand hatte die Feuerwehr angerufen. Als wir die Sirenen der Feuerwehr hörten, entfernten wir uns, so schnell wir springen konnten, Richtung Dorf. Damit uns niemand sah, haben wir uns unter den kleinen Bäumen einer Baumschule nach Hause geschlichen. Am andern Tag stand in der Zeitung, dass der Brand wahrscheinlich von einer noch brennenden Zigarette entfacht wurde. Von uns konnte der Brand nicht entfacht worden sein, da wir beide Nichtraucher waren. Im Frühjahr des kommenden Jahres endete die Lehre von Heinz. Ich begegnete ihm noch einmal in der Kaserne Thun. Im Range eines Fouriers bei den Panzergrenadieren. Später besuchte ich ihn mit meiner Frau in Murten.

Der Bruder der Chefin vertrat die Schweiz als Diplomat in Teheran, Hauptstadt von Persien. Zu dieser Zeit regierte der Schah Mohammed Reza Pahlavi das Land. In den 50er Jahren des vorigen Jahrhunderts war die Diplomatensprache Französisch, im Gegensatz zu heute Englisch. Das Außendepartement des Bundes bevorzugte Beamte mit zwei Muttersprachen für Diplomatenposten.

Seine Frau sprach mit uns über das Land Persien. Damit sie es besser kennenlernten, seien sie mit einem Flugzeug über das vielfältige Land geflogen, da der Landweg als Diplomat zu gefährlich war. Ihr Mann hat nie mit mir gesprochen. Sie waren mit der Tochter und dem Hund im Elternhaus in den Ferien.

Ich begegnete eines Tages dem Diplomaten in der Allee zum See. Er spazierte mit dem Hund seewärts, seine Frau folgte ihm mit etwa 400 m Abstand mit der Tochter ebenfalls zum See. Ein anderes Mal begegnete ich dem Ehepaar mit dem Hund beim Spazieren, aber ohne Tochter. Dieses merkwürdige Verhalten weckte in mir Fragen. Nach ihren Ferien fragte ich meine Chefin, wieso die Familie ihres Bruders nicht zusammen spazieren ging, sondern getrennt.

Die Richtlinien für einen Diplomaten im Ausland seien wegen möglicher Entführung eines Familienmitgliedes, vor allem der Kinder, allein mit dem Vater nicht gesehen zu werden. Mit der Ehefrau oder mit Hund allein sei erlaubt.

Ich verstand damals die Regelung des Außendepartements nicht, heute schon.

Ende des zweiten Lehrjahres war ich zwei Wochen zu Hause in den Ferien.

Ich traf zu Hause und in Bern Kolleginnen und Kollegen aus meiner Jugendzeit. Sie erzählten mir von ihren Erfahrungen, aber auch von Problemen in der Ausbildung. Während meiner Ferien verabredeten wir uns entweder im Dorfwirtshaus oder in Bern. Am Samstagabend trafen wir uns zum Tanzen, ein anderes Mal in einer Bar. Zwei meiner Schulkollegen hatten eine Freundin, die auch beim Ausgang mit dabei war. Ich erlebte einen gegensätzlichen Abend im Vergleich zu dem, was ich von Neuenburg gewohnt war.

Nach meiner Rückkehr in die Französisch sprechende Region überkam mich das Heimweh nach Bern und Umgebung. Der Lehrmeister bemerkte eine Veränderung bei mir und stellte mich zur Rede. Ich erzählte ihm von den Ferien, den Schulfreunden, den abendlichen Ausgängen in Bern und dass es mich wieder nach Hause ziehe. Nach etwa drei bis vier Wochen war die psychische Verstimmung vorbei. Ich musste mich auf die eidgenössische Fachprüfung als Bäcker-Konditor konzentrieren. Ich bestand die Prüfung problemlos mit dem zweitbesten Ergebnis des Kantons Neuenburg.

Der Lehrmeister überzeugte mich, als Angestellter bei ihm weiter als Geselle zu arbeiten. Ich nahm das Angebot an, da ich bis zur Rekrutenschule keine konkrete Vorstellung hatte. Jetzt hatte ich einen Lohn und konnte mir Segelflugstunden leisten. Eine Weiterbildung als Berufspilot strebte ich nicht an.

Die Aushebung für die Rekrutenschule absolvierte ich in Neuenburg. An diverse körperliche Leistungen wie 80-m-Sprint, 1000-m-Lauf und Ballwurf mag ich mich noch erinnern. Daneben standen medizinische und psychische Untersuchungen ebenfalls auf dem Programm. Vor dem Abtreten wurden die besten zehn Kandidaten nach vorne gerufen. Ich musste als Erster nach vorne treten, ich hätte die meisten Punkte erreicht. Mein Wunsch war, in eine Eliteeinheit eingeteilt zu werden. Man informierte mich, dass der Kanton

Bern für mich zuständig sei, und sie würden meine Wünsche dorthin weiterleiten.

Etwa einen Monat später bekam ich aus Bern die enttäuschende Meldung, ich werde die Rekrutenschule als Bäckersoldat absolvieren. Ich hatte eine andere Vorstellung von meiner militärischen Laufbahn. Den Tiefschlag habe ich schnell überwunden und festgestellt, dass das Leben sich nicht immer nach meinen Vorstellungen richtet.

Die Schauspielerei beschäftigte mich im Hintergrund immer noch, weil die Charaktere, die dargestellt wurden, meinen Vorstellungen entsprachen, wie ich sein wollte.

Ich las einen Artikel über die Ausbildung zum Radiosprecher, über Theater und Film in Lausanne. Eine ehemalige Schauspielerin bot einmal pro Woche Sprachbildung an. Ich meldete mich an und fuhr mit dem Zug nach Lausanne. Nach sechs Monaten Unterricht durften wir uns dort in einem Theater der Öffentlichkeit vorstellen. Ich habe mit Fabeln von Jean de La Fontaine vorgesprochen.

Ich traf meinen ehemaligen Lehrer noch einmal. Er empfahl mir die Wiener Theaterschule Reinhard. Er eröffnete mir, dass er beim ersten Gespräch nicht viel von meiner Idee gehalten habe. Er wusste von meiner Lese- und Schreibschwäche. Jetzt sei er anderer Meinung, da ich mich in das Thema vertieft hätte. Das hat mir Mut gemacht, jemand glaubte an mich, dass ich zu etwas fähig sei. Es gibt berühmte Schauspielerinnen und Schauspieler mit Legasthenie, wie Jennifer Aniston, Danny Glover, Steven Spielberg und viele andere. Für mich waren damals Studenten spezielle Menschen, deren geistiges Niveau ich nie erreichen könnte, schon gar nicht auf dem Niveau eines Doktors der Medizin.

Ich brauchte Tapetenwechsel und ging nach Genf zu meinem Bruder, sein Geschäft war im Eaux-Vives-Quartier nahe am See und Springbrunnen, dem Wahrzeichen von Genf. Ein Maturand aus Appenzell Ausserrhoden kam für sechs Monate nach Genf, um sein Schulfranzösisch dem Alltag anzupassen. Nach dem Aufenthalt würde er an der Universität Zürich Kunstgeschichte studieren. Er wohnte in demselben Haus wie ich. Sein Hobby war Kunstmalerei. In der Freizeit brachte er mir die Technik bei, wie man mit Wasserfarben umgeht. Diese Technik begeisterte mich, wie man mit Pinsel, Farben und Aquarellpapier umgeht. Wir besuchten zusammen Kunstmuseen und Galerien, von denen es in Genf viele gab. Wir diskutierten über Bilder und angewendete Technik. Während seines Aufenthaltes malte ich einige Bilder, die, leider, bei Wohnungswechseln verloren gingen. Neben der Arbeit in der Backstube und dem Malen fehlten mir die körperlichen Belastungen, sodass ich das Kunstturnen wieder aktivierte. Ich wurde Mitglied in einem bekannten Kunstturnverein. In diesem Verein trainierte auch ein Mitglied der Schweizer Nationalmannschaft, Didi Brühlmann. Die Schweiz qualifizierte sich für die Olympischen Spiele in Rom 1964. Didi war der erste Kunstturner, der am Parallelbarren und an den Ringen als Abgang den Doppelsalto beherrschte.

Bei den Olympischen Spielen hatte er am Parallelbarren einen kleinen Abzug bei der Notengebung erhalten, weil er beim Bodenstand einen Ausfallschritt brauchte, um sicheren Stand zu haben.

Ein deutscher Student, der Didi von Auftritten kannte, wechselte für ein Jahr an die Universität Genf und trainierte im Verein mit uns. Eingeschrieben war er bei der Sprachwissenschaft. Wir wurden gute Freunde und trafen uns abends mit seinen Kommilitonen. Dies war der endgültige Anstoß, den ich brauchte, um meine kindliche Vorstellung gegenüber studierten Menschen abzulegen. Die Kommilitonen meines Freundes, dachte ich, sprechen ja genauso blöd oder intelligent wie ich auch. Also kann ich das auch erreichen, ich habe ja keinen Unterschied zwischen ihnen und mir entdeckt.

Im Sommer 1958 trat ich als neunzehneinhalbjähriger Bäckersoldat in Thun in die Rekrutenschule ein.

Während der Rekrutenschule habe ich mich mit voller Kraft körperlicher Tätigkeit hingegeben. Bäcker, Metzger, Logistiker und Motorfahrer für den Transport wurden in der Rekrutenschule aufgeboten. In jeder Kompanie waren alle vier Berufe vertreten und in separate Züge eingeteilt. In der Kaserne waren vier Kompanien untergebracht, drei deutschsprachige und eine französischsprachige. Versorgungstruppe der Armee ist der Oberbegriff und in Bataillone eingeteilt. Sportlich hatte ich in meiner Kompanie keine gleichwertigen Gegner. Ein Bäcker-Konditor aus Zürich von der Parallelkompanie war mein Herausforderer. An den militärischen Hürden waren wir Gegner, in der Freizeit Freunde. Einmal war er schneller, das andere Mal ich.

Wenn ein Blödsinn gemacht wurde, war ich meistens dabei. Ein Rekrutenkollege schnarchte nachts, und im Tiefschlaf war er fast nicht wachzurütteln. Eines Nachts trugen wir den tiefschlafenden Kollegen mit dem Bett vom ersten Stock in den Kasernenhof. Das Vorhaben gelang uns, ohne dass er aufwachte.

Morgens um vier Uhr dreißig gab es Alarm im Schlafzimmer. Ein hoher Offizier weckte die ganze Mannschaft und befahl uns, den Kollegen samt Bett wieder ins Zimmer zu tragen. Konsequenzen hatte es keine.

In der Unteroffiziersschule ging das Duell mit dem Kollegen aus Zürich weiter. Beim Abverdienen des militärischen Grades wurde ich als Bäcker-Konditor in den Metzgerzug eingeteilt, zusammen mit fünf Bäckerrekruten. Den Grund habe ich nie erfahren. Der Zugführer, im Range eines Offiziers, war der Sohn eines Metzgermeisters, mit eigenem Geschäft aus dem Thurgau. Freunde wurden wir nicht, eher im Gegenteil. Mit ihm wurde ich erstmals mit einem narzisstischen Menschen konfrontiert. Die kleine Bäckertruppe wurde während der ganzen Rekrutenschule als Fremde betrachtet, werden auch danach behandelt. Insbesondere auf mich war das Auge gerichtet. Meine Rekruten, unter meiner Gruppenführung, litten auch darunter. Ich mag mich an eine Situation erinnern, bei dem den Rekruten der Zahnstatus kontrolliert wurde.

Der Sanitätskorporal war ein Student der Zahnmedizin, dem ich meine Leute ohne militärische Anmeldung übergab. Der Zugführer verlangte von mir eine militärische Anmeldung. Ich antwortete, er sei Korporal wie ich, und da brauche es keine spezielle Anmeldung. Ja, aber er sei ein Student, der eine viel höhere Schulbildung habe als ich. Wir schuldeten ihm Respekt. Ich schaute ihn fragend an, und er wandte sich brummend von mir ab.

Ich wäre gerne in die Offiziersschule aufgenommen worden. Ich habe Kontakt zur ehemaligen Französischlehrerin in Colombier aufgenommen, weil ich wusste, dass es in ihrer Familie hochrangige pensionierte Berufsoffiziere gab. Sie versicherte mir, dass sie für mich ein gutes Wort einlegen werde. Jeder Offiziersanwärter wurde gegen Ende der Rekrutenschule vom Schulkommandanten zu einer Audienz aufgeboten. Zur Audienz wurde ich nicht aufgeboten.

Ein pensionierter hoher Berufsoffizier musste mich persönlich über den negativen Bericht informieren. Der Zugführer und der kompanieverantwortliche Hauptmann hätten mich nicht für die Offiziersschule vorgeschlagen. Körperliche Verfassung genügend, Schulbildung ungenügend. Die Verantwortlichen unserer Kompanie hatten sich ihrer Aufgabe entzogen.

Schwere körperlich-geistige Belastung und unerwartete Verantwortung stärkten die Psyche und das Selbstgefühl

Jährlich mussten die Diensttauglichen einen dreiwöchigen Wiederholungskurs ableisten. Wegen Verschiebung des Dienstes um zwei Monate boten sie mir einen Ersatz an, in einem Hochgebirgskurs, der in den Walliser Alpen stattfand.

Der Dienst war genau auf mich zugeschnitten. Ich rückte in Sion ein, und die Kompanie wurde nach Arolla gefahren, auf 2000 m ü. M. Wir fassten am gleichen Tag ein kleines Zelt mit Zubehör. Wir stellten die Zelte an einem Hang oberhalb des Dorfes auf. Ein ebener Platz war schwierig zu finden. Anschließend bauten wir das große Zelt für die Mahlzeiten auf. Wir aßen regelmäßig am Morgen und Abend im Zelt.

Das Mittagessen fassten wir nach dem Morgenessen, das wir im Gebirge am Rande eines Felsens verzehrten. Geschlafen habe ich gut, war ja am Abend müde, von der ungewohnten strengen Ausbildung am Felsen und Gletscher. Ich war zuvor noch nie auf einem Gletscher oder an einer Felswand hochgestiegen. Oft erwachte ich am Morgen mit den Füßen im Freien. Alternierend wurden wir am Felsen und auf dem Gletscher unterrichtet. Fels und Gletscher sind zwei unterschiedliche, gegensätzliche Materialien, die von uns unterschiedliche Techniken abverlangten. Der Gletscher ist lebendig, der Fels starr. Hier lernte ich die Kraft der Natur zu erkennen. Die Felswand verlangt eine genaue Beobachtung des Gesteins, ist der Vorsprung locker, oder ist er stabil für den nächsten Schritt. Die engen Felsspalten können benutzt werden, um Metallsicherheitskeile zu setzen. Der Fels ist dein Freund, kann aber auch der Feind sein. All diese Techniken mussten wir wiederholt üben. Klettertechnik, Beobachten und Abschätzen der Risiken ist das A und O im Felsen. Das sind lebensrettende Voraussetzungen.

Der Gletscher hat Senkungen und Spalten, Oberflächenwasser und starke Lichtreflexion, ausgelöst durch Sonnenstrahlen, die die Sicht einschränkt. Eine spezielle Sonnenschutzbrille gehört zur Ausrüstung. Tageszeit und Wetter sind wichtige Faktoren, die zu beachten sind. Der Schnee ist am Morgen am stabilsten. Der Regen weicht ihn auf. Verwehungen von Pulverschnee sind heimtückisch und verbergen die Gletscherspalten. Gehe nur zu zweit über einen Gletscher. Seil und Gletscherpickel gehören zur Ausrüstung bei der Überquerung eines Gletschers. Wir übten in der Gruppe, wie die Rettung eines in die Gletscherspalte gestürzten Kameraden aus dem Spalt erfolgt. Jeder von uns musste mindestens zweimal korrekt angeseilt in die Gletscherspalte springen. Die Spalten sind sehr tief und unberechenbar. Beim ersten Sprung war ich sehr angespannt, vielleicht war es auch Angst vor der Kälte und der Tiefe der Spalte. Man hört immer nur die fürchterlichsten Geschichten über die verschwundenen Menschen in den Gletscherspalten. Ich musste als Erster der Gruppe hineinspringen. In der Tiefe ist es sehr kalt. Die Tiefe der Spalten betrug über fünf Meter. Es war ein kribbeliges Gefühl, zum ersten Mal in der Kälte am Seil zu hängen und nach oben und unten zu schauen. Ich musste gut zehn, vielleicht fünfzehn Minuten in der Tiefe ausharren, bis die Gruppe die Vorbereitungen, jetzt real, durchgeführt hatte, um mich aus der Kälte zu befreien. Für die weiteren Sprünge hatte ich keine körperlichen Verspannungen mehr. Ich wusste jetzt, dass mich das Team retten kann. Für diese Übung waren wir immer warm angezogen und mit Handschuhen ausgerüstet. Eisklettern ist dann eine Stufe höher. Ich habe es auch versucht, weit nach oben bin ich nicht gekommen. Diese Übung war für die professionellen Bergführer reserviert.

In der dritten Woche stellten wir unser Können in die Tat um. Ein Tag vor dem Abmarsch wurden wir in Dreier-Seilschaften eingeteilt. Der Gruppenführer war ein ausgebildeter Bergführer. Wir wurden minutiös auf das Vorhaben auf dem Gletscher und die steile Felswand vorbereitet. Meine Aufgabe bestand darin, die Seilschaft zu sichern, wenn der Bergführer einige Meter höher aufsteigt. Meine Position in der Seilschaft war am Schwanz der Seilschaft. Der Mann in der Mitte im Rang eines Leutnants war ein Walliser aus Zermatt. Er studierte an der Universität St. Gallen Wirtschaft.

Nach dem Mittagessen brachen wir mit Sack und Pack auf, um ins andere Tal zu gelangen. Nach etwa fünf Stunden Marsch erreichten wir den Glacier de Cheilon. Auf dem Gletscher bewegten wir uns als Seilschaft, gesichert wie geübt bis an die Felswand Mont Blanc de Cheilon. Hier installierten wir das Nachtlager auf 2945 m ü. M. Es bestand aus einem Schlafsack, Taschenlampe und einem Gaskocher. Wir kochten eine kleine warme Mahlzeit, bestehend aus einer Suppe, einer Wurst und Brot. Vor der Nachtruhe kochten wir noch einen warmen Kaffee und tranken ihn mit reichlich Schnaps. Die Nacht war unruhig. Ich erwachte oft. Richtig geschlafen habe ich nicht mehr als drei Stunden. Um vier Uhr morgens war Tagwache. An die übliche Körperpflege war nicht zu denken. Morgenessen und Abmarsch zum Felsen. Der Gipfel des eher runden Berges hatte eine Höhe von 3869 m ü. M. Die Felswand, in die wir einstiegen, war 700 m hoch und steil vertikal abfallend.

Wir stiegen von der Ost-Nord-Seite ein und meisterten die letzten zweihundert Meter in der steilen Felswand. Der Bergführer bestimmte an der Spitze der Seilschaft die Route des Aufstiegs. Ich wurde gut vorbereitet auf die wichtige Aufgabe und die Verantwortung, die auf mir lag. Sobald uns der Bergführer gesichert hatte, stiegen wir nach. Der Zermatter zitterte vor Angst und schaute oft nach unten, was ihn noch unsicherer machte. Ein Sprichwort lautet: Schaue nie nach unten, die Sicht nach oben ist lebensrettend. An diesen Leitfaden hat sich der Student nicht gehalten. Immer wieder drehte er den Kopf nach unten. Ermahnungen vom Bergführer und mir halfen nicht. Der Bergführer motivierte den Jüngling ständig, und ich stützte ihn von hinten, der Bergführer zog ihn nach oben. Endlich nach fast drei Stunden kamen wir heil oben an. Wir mussten oben eine Pause einschalten, um Kraft zu tanken, für den leichtern Abstieg. „Ein Blick vom Gipfel in die Tiefe“, dachte ich kopfschüttelnd, „das ist ja wahnsinnig, was wir hier geleistet haben.“ Die Sicht aus dieser Höhe war atemberaubend, und ich schob die Gedanken an den Aufstieg in den Hintergrund. Unter uns lag der Stausee Lac des Dix. Das Wasser des Stausees wird vor allem vom Glacier de Cheilon gespeist. Ich hätte nie erwartet, dass man mir die Sicherheitsaufgabe für die Wandbesteigung anvertrauen würde. Wie viel vom Gletscher nach so vielen Jahren noch vorhanden ist, durch die Erderwärmung, ist mir nicht bekannt.

Verabschiedet am letzten Tag wurden wir mit einem Walliser Raclette. Ein großes Stück Käse wird an einem offenen Holzfeuer durch Wärme streichbar gemacht und über gekochte Kartoffeln gestrichen. Dazu gab es Walliser Weißwein.

Diese Erfahrung als zweiundzwanzig Jahre alter Jüngling hat mich geprägt und mir die Natur als Leitfaden im Leben verankert.

Während der Matura-Vorbereitung und des Studiums musste ich immer wieder die jährliche Wiederholungskurse verschieben.

Nach dem Studium wurde ich vom Nachschub in die Sanität eingeteilt als Chirurg. Zu einer Umschulung wurde ich nach Tesserete für drei Wochen aufgeboten. Sechs Monate später wurde ich erneut aufgeboten zu einer Einführung in die Kompetenzen und Verantwortung eines Chirurgen im Dienst.

Meine Kompetenzen entsprachen der Funktionsstufe zwei. Das sind Kompetenzen als Oberst. Ich wurde also Herr des Operationssaales und der Nachbehandlung.

Zurück A ins normale Leben und Vorbereitung auf die außerordentliche Matura

Wieder zurück in Genf war mein Leben wie vorher. Arbeiten in der Bäckerei meines Bruders. Auch dem Kunstturnen frönte ich weiter. Aber etwas hatte sich seither in mir verändert. Ich wusste jetzt, dass ich mich weiterbilden musste. Französisch als Fremdsprache für die Matura beherrschte ich, aber Englisch fehlte mir. Zufällig begegnete ich im Turnverein einem Luzerner Kunstturner, der aus Birmingham, England, zurückkehrte. Er arbeitete drei Tage die Woche in einem Restaurant, und daneben besuchte er Englischkurse. Er gab mir die Adresse vom Sohn des Restaurantbesitzers. Er lernte ihn durch das Kunstturnen in Luzern kennen. Sein Vater war aus Davos nach England ausgewandert und gründete eine Backwarenfirma sowie Restaurants. Ich nahm Kontakt auf mit dem Sohn des Firmenbesitzers. Wenige Tage später antwortete er auf meine Anfrage. „Wann wollen Sie kommen?" Meine Antwort: „So bald als möglich." Einen Monat später war ich in Birmingham. Ich arbeitete wie mein Turnkollege vorher Freitag bis Montag, die anderen Tage verbrachte ich in der Schule. Einen Abend die Woche besuchte ich den Lateinunterricht, da ich wusste, dass für das Medizinstudium Latein Voraussetzung ist. Einen Monat lebte ich im YMCA. Danach fand ich Unterschlupf bei einem Studenten in seiner Wohnung. Auch in Birmingham wurde ich Mitglied des Kunstturn-Vereins, in dem auch der Sohn meines Chefs turnte. Ausgang hatte ich selten, und wenn, dann besuchte ich einen Jazzklub, von denen es mehrere gab.

Nach acht Monaten kehrte ich nach Genf zurück an meinem vierundzwanzigsten Geburtstag. Ich musste vorübergehend eine neue Stelle suchen, da mein Bruder alle Stellen besetzt hatte.

Ich fand schnell eine neue Arbeit in meinem Beruf. Diese kündigte ich nach einem halben Tag. Ich bin an vieles gewohnt, aber nicht an dieses Arbeitsklima. Alle Angestellten inklusive des Chefs brüllten einander an. Eine normale Tonart beim Sprechen kannten sie nicht. Am Mittag sagte ich auf Nimmerwiedersehen.

Ein Turnkollege verschaffte mir eine Stelle in der Zentrale einer Versicherung. Meine Aufgabe bestand in Archivarbeiten.

Mein Bruder vermittelte mir eine kleine Wohnung am Quai Gustave-Ador direkt am See auf der Höhe des Jet d'eau, unweit von seinem Geschäft.

Ich hatte schnell wieder gute Freunde aus Luzern, die ich teilweise von früher kannte aus den Skilagern in Sörenberg. Wochenenden verbrachten wir oft in den französischen Alpen zum Skifahren. Wir erkundeten jeden bekannten Skiort in Savoyen, wie Chamonix-Mont-Blanc, Val d'Isère, Courchevel und viele andere bekannte Orte. Einer dieser Kollegen hatte unfreiwillig die Matura abgebrochen und eine kaufmännische Lehre absolviert. Er riet mir, die Matura in der Deutschschweiz zu versuchen. Er war nach Genf gezügelt, um die französische Sprache zu beherrschen. Ich erkundigte mich in Genf, ob eine Abendschule für die Matura existiere. Es gab private Tagesschulen, die mir zu teuer waren. Ich musste tagsüber arbeiten, um meinen Lebensunterhalt zu finanzieren. Ich informierte mich in Bern, ob Abendgymnasien existierten. Eine private Abendschule existierte tatsächlich, an der Maturaklassen angegliedert waren. Die Kosten für die Abendschule sollte ich aufbringen können.

Mein Bruder organisierte für mich bei seinem früheren Lehrmeister, der seine Bäckerei vor Jahren verkauft hatte und in einem großen Haus lebte, dass ich mich in eine Einzimmerwohnung mit kleiner Küche, WC und Dusche einmieten konnte.

Ab Frühjahr verbrachten wir die Wochenenden im Seebad. Am Rande des Sees gab es einen Parallelbarren und Kunstturn-Ringe. Am Barren und an den Ringen stellten wir unsere Künste an den Geräten zur Schau. Als ich die Größe von 170 cm erreicht hatte, habe ich auch an Ausstrahlung gewonnen, interessierten sich junge Frauen für mich. Die Freundschaften dauerten nie lange. Ich erfüllte wahrscheinlich die Ansprüche und Vorstellungen der jungen Frauen nicht. Eine junge hübsche Frau aus der Innerschweiz kontaktierte uns, da sie aktiv im Frauenkunstturnen war. Offenbar habe ich die junge Frau mit den kunstturnerischen Fähigkeiten beeindruckt. Sie stellte sich vor und bemerkte, dass sie Mitglied des BTV Luzern sei, Abteilung Frauen. Der Bürger-Turnverein war damals weltberühmt. Kunstturner wie Joseph Stalder, berühmt durch die Staldergrätsche am Reck, Hans Eugster und später auch der Flüchtling aus China, Donghua Li, waren alle Mitglieder des BTV Luzern.

Jack Günthard war die Persönlichkeit, die den Turnsport am meisten beeinflusst hat. Jack (Jakob) schloss die Berufslehre als Schriftsetzer ab, anschließend holte er die Matura nach und studierte an der ETH Zürich Sportwissenschaften.

Die junge Frau wurde bald meine Freundin. Sie studierte an der Universität Zürich Zahnmedizin. In Genf hat sie sich für ein Jahr in einer Zahnarztpraxis verpflichtet. Wir trafen uns am Abend in der Stadt und am Wochenende bei schönem Wetter im Seebad. Am Seebad angegliedert war eine Wasserskischule. Wir hatten beide ein Faible für diesen Sport. Nach zwei Slalomfahrten waren wir ausgelaugt und kraftlos. Der Kraftaufwand durch den Slalomparcours mit der doppelten Geschwindigkeit des Bootes. Das Zugseil war 12 m lang, der Bojenabstand zum Boot entspricht der Länge des Zugseiles. Zwischen dem Ein- und Ausfahrtgate befinden sich sechs Bojen. Die Stürze waren nicht immer schmerzfrei. Vergleichen kann man das etwa mit einem Riesenslalom auf Skiern, nur viel kürzer.

An einem warmen Sonntag war ich schon früh morgens auf dem Rasen. Wie immer wollte ich den Tag für meine Wissenserweiterung nutzen und habe mein Lateinbuch vor mir aufgeschlagen. Als die junge Zahnärztin erschien, wunderte sie sich, wieso ich mich für Latein interessiere. Ich eröffnete ihr, dass ich nach Bern umziehen möchte. Um mich auf die Matura vorzubereiten. Sie klappte das Buch zu und erklärte mir: „Wenn ich dich heirate, musst du keine Matura haben. Im Unternehmen meiner Familie bekommst du ohne diese Bildung einen führenden Posten.“ Das war für mich ein Schlag ins Gesicht, den ich nicht erwartet hätte. Wir diskutierten noch über das Thema, bis meine Augen zu tränen begannen. Eine Lösung fanden wir nicht.

Vier Wochen später trennten wir uns, und ich siedelte nach Bern um. An diesen Tag mag ich mich noch heute erinnern und war froh, dass ich mich durchgesetzt habe. Ich konnte meine Entscheidung erst Jahre später richtig einordnen. Es entsprach nicht meinem Charakter, ohne vorgängiges Wissen und Leistung einen hohen Posten zu erfüllen. Aus heutiger Sicht würde man mich in die Klasse der Spinner einordnen.

Ein Freund vermittelte mir in Bern eine Stelle in einer Versicherungsagentur.

Nach einem Monat habe ich die Agentur verlassen mit beidseitigem Einverständnis. Ich hatte kein Talent, Versicherungen zu verkaufen. Schon nach einer Woche wusste ich, dass ich eine andere Arbeit suchen musste.

Ich fragte bei einer Großbäckerei-Konditorei an, ob sie einen Fachmann und Studenten beschäftigen könnten. Ich erzählte dem Chef und Besitzer meine Absichten, mich auf die Matura vorzubereiten, und dafür bräuchte ich eine Anstellung mit Stundenlohn. Kein Problem, er wusste schon von meinem Bruder, dass ich eine an das Studium angepasste Arbeit suche. „Wann können Sie beginnen?“ „In einer Woche.“ Er zeigte mir die Backstube und stellte mich den Angestellten vor. Ich begann die Arbeit eine Woche später, um fünf Uhr morgens. Um sieben Uhr gab es Morgenessen für die Angestellten. Es musste immer jemand während der Essenszeit zum Ofen schauen. Wenn ich in der Konditorei eingeteilt war, begann meine Arbeit um sieben Uhr. Ich arbeitete bis mittags um zwölf Uhr. Am Nachmittag machte ich Aufgaben. Ich hatte die genetische Gabe, dass ich mit wenig Schlaf voll leistungsfähig war.

Als Oberarzt und später als Chefarzt der Chirurgisch-Orthopädischen Abteilung war das von großem Nutzen.

Man konnte mich in jeder Position einsetzen.

Ich machte den Autoführerausweis mit wenig Fahrlehrerunterricht, um Geld zu sparen. Die praktische Erfahrung eignete ich mir durch Ausfahrten mit dem Lieferauto am Sonntagmorgen an, in dem wir Restaurants mit frischer Ware belieferten. Der Chauffeur war der Verantwortliche für die Fahrten. Die Prüfung machte ich mit dem Auto des Fahrlehrers. Die Fahrprüfung bestand aus einem theoretischen Teil und aus praktischem Fahren durch die Stadt. Am Ende musste ich das Auto in ein markiertes Parkfeld parkieren. Parkieren übte ich vorwiegend mit dem großen Lieferwagen. Der Experte beanstandete, dass ich ein Rad nicht perfekt in das markierte Feld eingefahren hatte. „Kommen Sie in vier Wochen nochmals für das praktische Fahren." Ich absolvierte wöchentlich eine Fahrstunde. Für die Nachprüfung hatte ich einen anderen Experten. Er lobte mich und begleitete mich zum Abholen des Führerausweises.

Das Abendgymnasium begann um neunzehn Uhr. Die Lehrer waren sehr jung und vor allem durch fortgeschrittene Fachstudenten besetzt, ohne pädagogische Ausbildung. Im Fremdsprachenunterricht war ich gut, aber in Mathematik, Physik und Chemie war ich auf dieses Niveau nicht vorbereitet. Von Algebra hatte ich keine Ahnung. Wieso a plus b gleich c ist, habe ich vorerst nicht begriffen, bis mich ein Klassenkamerad in die Algebra einführte.

In Physik und Chemie waren die Noten selten über drei, wobei sechs die höchste Note ist. Mein Klassenkamerad, der ein sehr enger, langjähriger Freund wurde, zeigte mir Physik- und Chemieunterlagen eines Fernunterrichts-Instituts. Wir besuchten dieses Institut in Zürich. Der Empfang und die Beratung imponierten mich, und ich war überzeugt, dass ich mit diesen Unterlagen Erfolg haben würde. Der Zufall wollte, dass diese Unterlagen in Physik und Chemie genau mit dem vermittelten Stoff am Berner Gymnasium übereinstimmten. Ich bearbeitete die neuen Lehrmittel mit Freude, da ich sofort verstand, wie

Physik und Chemie funktionieren. Darin fand ich Beispiele, Übungen, die mir den Weg in die beiden Materien ebneten. Mir fällt es leichter, eine Materie visuell zu erfassen als durch Frontalunterricht. Die Prüfungsnoten stiegen sofort auf die Noten fünf und sechs. Die Lehrer behaupteten, ich hätte vom Nachbarn abgeschrieben. Sie verklagten mich beim Schuldirektor. Der Direktor zitierte mich zu einem Gespräch. Auf dieses Gespräch bereitete ich mich sehr gut vor. Er warf mir vor, in höchstem Maße gemogelt zu haben. Zur Verteidigung zeigte ich ihm die Physik- und Chemieunterlagen aus Zürich. Ich eröffnete ihm, dass die beiden Studenten für den Fachunterricht die Fähigkeit nicht besitzen, ihren Stoff allen verständlich zu vermitteln. Ich sei das typische Beispiel dafür. Ich konnte mir den Vorwurf leisten, da ich mich entschieden hatte, mit Fernunterricht die Matura zu erreichen. Wir einigten uns, dass wir den Vertrag auflösen ohne jegliche Verpflichtung beiderseits.

Die Unterlagen der Akademischen Gemeinschaft Zürich bestanden aus Deutsch, Französisch, Englisch, Latein, Geschichte, Geografie, Mathematik, Physik, Chemie, Biologie und Zeichnen. Diese Unterlagen entsprechen der Eidgenössische Matura Typ B. Deutsch, Französisch oder Italienisch, Latein und Mathematik waren Hauptfächer, deren Noten doppelt zählten bei der Maturaprüfung. Mit einer ungenügenden Note hatte man die Prüfung nicht bestanden.

Die Maturaprüfung auf dem normalen Pfad, Sekundarschule, öffentliches Gymnasium, war bedeutend einfacher zu bestehen als die Eidgenössische. Die außerordentliche Matura erreicht man nur über den privaten Weg. Vornoten gab es nicht, nur die Leistung bei der Prüfung zählte. Dieser Bildungsweg hat einen elitären Sinn, damit wurden nur die Allerbesten zum Universitätsstudium zugelassen. Die Durchfallquote war dementsprechend hoch. Der normale Bildungsweg ist den Kantonen unterstellt. Den katholischen Kantonen war zu meiner Zeit der Unterricht in Latein wichtiger als die naturwissenschaftlichen Fächer. Das hat das Medizinstudium ein Jahr verlängert. Um alle Maturanden auf den gleichen Wissensstand zu bringen, wurden im ersten Studienjahr die naturwissenschaftlichen Fächer doziert. Für mich war das erste Jahr nur Repetition – und ein verlorenes Jahr.

Ich darf nicht behaupten, dass ich mit dem Fernunterricht nicht Mühe gehabt hätte, da meine Vorbildung minim war. Für jedes Fach gab es monatlich ein Heft, das am Schluss Aufgaben vorgab, die gelöst eingeschickt werden mussten und vom Fachlehrer korrigiert mit Notengebung zurückkamen, und das über die Dauer von drei Jahren. Für die ersten zwölf Hefte brauchte ich achtzehn Monate. Wenn ich Probleme mit dem Stoff hatte, nahm ich mit meinem Freund Martin Kontakt auf, der mir dabei helfen konnte. Seine Eltern merkten immer, wenn ich etwas niedergeschlagen oder müde wirkte. Sie hatten die Fähigkeit, mich jedes Mal wieder aufzustellen.

Erst wenn alle Fächer für das Jahr erarbeitet waren, konnte man das nächste Jahr beginnen. Psychisch war ich oft am Anschlag. Für Sport und Ausgang reichten Zeit und Geld nicht mehr. Trotzdem habe ich alle fünfzig Rappenstücke in eine Literflasche geworfen, damit ich auch Ferien machen konnte. Etwas mehr als neunhundert Franken befanden sich nach einem Jahr darin. Die Hälfte davon erlaubte mir tatsächlich, eine Woche in den Walliser Alpen Ferien zu machen. Es braucht viel Kraft, das durchzustehen, die körperliche Bewegung kam zu kurz.

Eine Cousine heiratete einen Unternehmer in der Nähe von Luzern, die ich bei einer Familienzusammenkunft traf. Wir diskutierten über meine berufliche Zukunft als Bäcker-Konditor. Ich eröffnete ihr, dass ich vorhabe, die Eidgenössische Matura nachzuholen. Nebenbei erwähnte ich, dass mit einem Darlehen oder Geschenk von fünftausend Franken mir viel Last abgenommen würde. Die Antwort auf die Frage war weder ja noch nein, und wir diskutierten über andere Themen.

Als „cand. med.“ absolvierte ich vier Wochen im zweitletzten Studienjahr ein Praktikum auf der Medizin im Kantonsspital Luzern. Der Ehemann meiner Cousine wurde wegen einer Infektion auf die Medizin eingewiesen. Sie war erstaunt, mich auf der Abteilung anzutreffen. Sie hat offenbar nie erfahren, dass ich Medizin studierte. Beim nächsten Besuch, drei Tage später, überreichte sie mir einen Briefumschlag mit fünftausend Franken als Anerkennung meiner Leistung. Sie eröffnete mir auch, dass sie und ihr Mann mir das nicht zugetraut hätten.

Das Ehepaar war kinderlos und baute damals einen Sohn ihres Bruders für die Nachfolge der Firma auf, der sich aber nach relativ kurzer Zeit als nicht tauglich für die Übernahme erwies.

Der elterliche Bauernhof wurde schon vor einigen Jahren meinem Bruder übergeben. Ich erinnere mich an einen Besuch im Elternhaus zum Geburtstag meines Vaters. Er wirkte etwas desillusioniert, so interpretiere ich seine Stimmung. Er hatte wahrscheinlich Mühe mit den neuzeitlichen Änderungen, wie ein Hof bewirtschaftet wird, aber auch mit dem Druck, Land zu verkaufen, um Einfamilienhäuser zu bauen. An demselben Tag rechnete mir mein Bruder vor, wie viel Geld ich pro Jahr verdient hätte, wenn ich als Bäcker-Konditor weitergearbeitet hätte. Meine Antwort war: Am Ende jedes Jahres hätte ich genau gleich viel, nämlich nichts. Fehlen würde mir aber der Stillstand meines Wissensdrangs. Eindeutig, er hat nicht die gleichen Gene mitbekommen, wie ich sie habe.

Ich versuchte den nachdenklichen Ausdruck zu verstehen. Ja, die Modernisierung mit allerlei Geräten, Traktoren erleichtert die Arbeit der Landwirte, das wusste auch mein Vater.

Ich glaube aber, das war nicht der Grund der psychischen Veränderung meines Vaters. Der Druck muss vom Verlust des Ackerlandes gekommen sein. Zwei Drittel des Ackerlandes wurden von der Gemeinde als Bauland erklärt und damit Druck auf die Besitzer ausgeübt, also auf meinen älteren Bruder, der Besitzer des Hofes und des zugehörigen Landes ist. Alle anderen Geschwister sind vom Erbe gesetzlich ausgeschlossen. Mich hat das nicht so sehr berührt, weil Geld allein eine sehr große Last bedeutet, die ich mir nicht aufbürden wollte. Auch meine Frau hat in der Verwandtschaft ähnliche Erfahrungen erlebt. Jahre später wurde das Gesetz abgeändert. Ich hatte bereits, durch meine Erfindung und durch meine erarbeitete Bekanntheit, überdurchschnittlich Geld erarbeitet, das wir in unser Haus investiert haben. Das investierte Geld vervielfachte sich ohne mein Dazutun.

Wir kauften ein älteres Bauernhaus, das wir teuer umbauen mussten, damit es bewohnbar wurde. Meine Frau konnte ihr Talent als Innenarchitektin voll ausleben.

Neben Martin verabredete ich mich auch mit alten Kollegen aus der Zeit des Abendgymnasiums. Wir trafen uns in der Innenstadt oder in einem Tanzlokal. Die Hälfte hatte das Gymnasium verlassen und sich wieder in die Arbeitswelt zurückgezogen.

Während dieser Zeit hatte ich eine kurzlebige Freundschaft mit einer jungen Frau. Wegen ihrer Vorstellungen vom Leben, aber auch ihrer oberflächlichen Haltung, brach ich die Freundschaft nach zwei Wochen ab. Bald darauf lernte ich eine junge Frau kennen, die in einem Reisebüro arbeitete und manchmal als Reisebegleiterin im Ausland war. Ihr Niveau war hoch, und ich konnte mit ihr über französische Literatur sprechen, aber auch über andere Themen hatten wir gute Gespräche. Ich nannte sie „Marie Cardonad“, die Hauptfigur in Camus' L'Étranger. Nach paar Wochen habe ich erfahren, dass sie mit mir ein Doppelleben führte.

Auch das sind Erfahrungen, die zum Reifeprozess der eigenen Persönlichkeit gehören. Diese Lebensphase hat mich sehr geprägt.

HEIRAT EINER PRIMARLEHRERIN

Am 2. Januar 1968 feierte ich mit einigen Freunden das neue Jahr in einem Dancing. Am Nebentisch ließen sich zwei junge Damen nieder. Wir tanzten mit ihnen bis nach Mitternacht, dann hat uns ein Freund zu sich nach Hause eingeladen; da seine Eltern abwesend waren, diskutierten wir bis der erste Zug die beiden Damen nach Hause brachte. Marianne, so hieß eine der Damen, gab mir ihre Koordinaten, wie ich sie erreichen könne. Ich meldete mich am nächsten Samstag bei ihr. Wir vereinbarten ein Treffen am Sonntag in Bern im Casino und plauderten den ganzen Nachmittag über ihre Arbeit als Berufsanfängerin in einer Landschule. Sie unterrichtete in einem abgelegenen Schulhaus im Emmental in der Unterstufe 36 Kinder in drei Klassen. Sie berichtete mir, wie schwierig es ist, drei Klassen mit unterschiedlicher Bildungsstufe zu unterrichten. Zwei Klassen mussten immer schriftlich beschäftigt werden, wenn sie mit der andern Klasse mündlich arbeitete. Die Vorbereitungsarbeiten waren sehr aufwendig, da sie für jede Klasse unterschiedliche Aufgaben erledigen musste, oft bis Mitternacht und oft auch an Wochenenden. Für Kulturanlässe und Ausgang blieb wenig Zeit. Damals herrschte Lehrermangel, vor allem auf dem Land. Das Seminar musste aus der obersten Klasse geeignete kommende Lehrerinnen aussuchen, die den Mangel reduzierten. Sie wurde praktisch aus dem Seminar ins kalte Wasser geworfen, ohne Vorbereitung ins Berufsleben. Sie entschied sich für das abgelegene Schulhaus, weil ihr Vater in der Nähe arbeitete und sie sein Auto in der Freizeit benutzen konnte.

Sie verriet mir, sie hätte einen Freund, den sie aber in letzter Zeit nicht oft getroffen habe, da er sich für die Matura vorbereite. Eine Woche später trafen wir uns an einem freien Mittwochnachmittag in Bern. Marianne war sprachlich hervorragend, viel gewandter im Ausdruck als ich. Die Deutsche Literatur lag ihr am Herzen. Sie hatte schon als Kind sehr viele Bücher gelesen. Ich merkte sofort, dass ich hier eine große Lücke hatte.

Bisher konzentrierte ich mich auf die französische Sprache und Literatur, auf diesem Gebiet war ich bewandert.

Sie erzählte mir über ein prägendes Erlebnis in ihrer Jugend. In den Sommerferien organisierte ihr Vater einen Aufenthalt von sieben Wochen bei einer Familie auf der Französisch sprechenden Seite des Murtensees.

Sie hatte Heimweh und weinte am Abend oft. Telefonieren konnte sie selten.

Handys gab es damals noch keine. Ihre Eltern mussten sie von zu Hause anrufen, und das machten sie bewusst einmal pro Woche. Als Sechsjährige hatte sie einen mit Tuberkulosebakterien infizierten Halslymphknoten, der chirurgisch entfernt wurde. Sechs Wochen musste sie in einen Kuraufenthalt in die Berge. Der Kuraufenthalt war für sie ein Horror mit langen Nachwirkungen. An einem Mittwochtreffen fragte sie mich, ob ich ihren Freund kenne. Ich sagte Ja. Ich kannte ihn vom Abendgymnasium, er war in derselben Klasse wie ich.

Über die Informationen, die sie über mich erhalten hatte, wollte sie nichts verraten. Später, als ich Medizin studierte, sprach sie mit mir über die damaligen schlechten Noten in Physik und Chemie, die ihr ehemaliger Freund verraten hatte. Beide kannten sich aus der Sekundarschulzeit. Bevor ich überhaupt antworten konnte, sagte sie, sie habe ihre damalige Entscheidung nie bereut. Ich war erleichtert, und wir sprachen über andere, noch nicht erledigte Vorhaben. Ich habe von ihm auch nichts anderes erwartet, das sind normale Reaktionen auf eine Enttäuschung.

Wir trafen uns nicht nur am Mittwoch, sondern auch an Wochenenden, oft auch mit ihren Eltern zusammen. Wir machten Ausflüge mit dem VW Käfer oder längere Spaziergänge an der Aare entlang und in der näheren Umgebung. Ende März machte ich Marianne einen Heiratsantrag. Ihre Antwort war spontan: „Ja!“

Sie riet mir, ihren Vater zu fragen, ob er einverstanden sei mit unserer Entscheidung. Für mich war das Neuland. Offenbar war es ein Brauch, vor allem auf dem Land. Ich fragte Marianne, ob sie die Vorbereitungen für das Einverständnis des Vaters für die Heirat erledigt hätte. An einem Sonntag nach dem Essen, bei einem Kaffee mit Schnaps, wagte ich ihn über unsere Entscheidung zu fragen. Er stellte mir einige Fragen, die ich bejahte. Er gab das Einverständnis. Die Verlobung wurde auf Pfingsten vereinbart.

Ich orientierte meine Eltern über unsere Entscheidung. Sie waren glücklich über die schöne Nachricht. Sie konnten es fast nicht glauben, dass ich eine Lehrerin heiraten würde. Ich wusste, dass sie dieses Erlebnis zu Lebzeiten erleben wollten, weil ihnen mein Lebensweg wichtig war. Die Eltern standen immer hinter mir, im Gegensatz zu den andern Familienmitgliedern.

Der Bruder von Marianne, ein studierter Chemietechniker, warnte seine Schwester. „Du ermöglichst ihm ein Studium der Medizin, dann könnte er dich verlassen, sobald er im Spital als Assistent oder Oberarzt arbeitet." Er kenne sich aus, wie Spitäler funktionieren. Nachträglich muss ich ihm beipflichten. Ich habe solche Fälle miterlebt.

Marianne trat im Frühjahr eine neue Stelle an, als Lehrerin in einem Quartier im Westen der Stadt Bern. Eine Freundin vom Lehrerseminar her, die in demselben Schulkreis angestellt war, ermöglichte den Arbeitswechsel nach Bern.

Eine Dreizimmerwohnung vermittelte sie uns auch im selben Quartier. Ich wechselte ebenfalls meine kleine Wohnung vom Osten in den Westen der Stadt. Erst nach dem Eheschluss lebten wir zusammen in ihrer Wohnung. Mariannes Seminarfreundin heiratete vor uns einen Lehrer und hatte bereits zwei Kinder. Die Seminarfreundin und ein Freund von der Bäckerei waren unsere Hochzeitspaten.

Mariannes Seminarfreundin trennte sich nach einigen Jahren von Mann und Kindern. Sie heiratete wieder und trat einer extremen Glaubensgemeinschaft bei. Alle vorherigen Freundschaften, aber auch ihre eigenen Kinder wurden aus ihrem Leben verbannt. Sie hatten eine Alphütte in der Nähe von meinem künftigen Arbeitsplatz gekauft.

Marianne hat sie einmal unangemeldet besucht. Sie erkannte sie kaum mehr, eine vernünftige Diskussion war unmöglich.

Am 28. September 1968 fand die kirchliche Trauung statt in der Kirche von Bümpliz. Die Schulkinder von Marianne standen Spalier vor dem Kircheneingang. Am Vortag fand die Trauung auf dem Zivilstandesamt statt. Die Trauzeugin war die Seminarfreundin und der Trauzeuge ein Mitarbeiter der Konditorei, mit dem ich mich gut verstand. Aus finanziellen Gründen luden wir nur die engsten Familienmitglieder meiner Frau ein. Ihr Bruder mit seiner Verlobten und die noch schulpflichtige Schwester. Aus meiner Familie waren nur meine Eltern anwesend. Hätte ich alle neun Geschwister eingeladen, wäre das für uns finanziell untragbar gewesen. Was wir nicht wussten, unsere Eltern haben die Kosten der Hochzeitsfeier übernommen. Ich informierte meine Geschwister über meine Heirat mit Marianne und informierte sie auch, dass es für uns finanziell momentan nicht möglich sei, alle einzuladen. Mein Nebenverdienst neben dem Studium sei zu mager. Mein Bruder, der den Hof übernommen hat, brachte die Eltern nach Bern. Dafür habe ich meinen Freund Martin und seine Eltern eingeladen. Die Hochzeitsgesellschaft war überschaubar. Wir fuhren mit Privatautos an den Murtensee. Auf der Französisch sprechenden Seite trafen wir uns zum Apéro. Auf der deutschsprachigen Seite zum Hochzeitsessen. Bei der Abfahrt von der Kirche an den Murtensee hat es stark geregnet. Wir übergaben glücklicherweise den andern Autolenkern einen Routenplan. Sie versuchten, hinter uns nachzufahren. Auf halbem Weg ist bei unserem Auto der Scheibenwischer ausgefallen. Martin sichtete eine Autogarage und schwenkte rassig durch eine offene Türe in die Garage. Die Hochzeitsgäste hinter uns fanden aber den Weg zum Apéro ohne unsere Führung.

Der Scheibenwischer konnte schnell repariert werden, wir trafen mit nur wenig Verspätung am Ort ein. Nach dem Apéro schien die Sonne, und wir wechselten die Seeseite.

Ein Tag vor der Hochzeit zog ich in die gemeinsame Wohnung ein. Die Hochzeitsreise führte uns ins Tessin nach Caslano. Wir verbrachten dort eine Woche in einer Pension. Marianne hatte Schulferien, und so konnten wir stresslos

Wanderungen in die Umgebung genießen. Das Tessin war zu dieser Zeit sehr beliebt für Hochzeitsreisen. Heute würde das nicht mehr standesgemäß sein, aber das störte uns nicht, wenn Freunde oder Kollegen wissen wollten, wohin uns die Hochzeitsreise geführt hatte.

Ich stand ein Jahr vor der Matura. Wir entschieden uns, dass ich dieses Jahr an der Tagesschule in Zürich absolvieren würde. Täglich fuhr ich fünfmal die Woche mit dem Zug nach Zürich. Begleitet wurde ich von einem Berner Gymnasiasten, der schon ein Jahr vor mir mit dem Zug nach Zürich reiste. Die Tagesschule begann um 13 Uhr und endete um 19 Uhr. Ich kaufte für die Strecke Bern nach Zürich ein Jahresabonnement Erster Klasse. Im Zug konnten wir die Zeit für die Aufgaben nutzen. Bei der Hinfahrt gab es manchmal viele Reisende, die störten uns nicht. Ich habe die Gabe, dass mich das Hintergrundgeräusch beim Lernen nicht stört. Bei der Rückfahrt waren wir meistens allein im Abteil. Ich profitierte viel von meinem Kollegen für die Matura. Wir unterstützten uns gegenseitig beim Lösen der Aufgaben. Jeden Freitag auf Samstag arbeitete ich weiter als Bäcker-Konditor. Nur etwa zwei Monate vor der Matura machte ich eine Pause.

Die Maturaprüfung

Die Eidgenössische Maturaprüfung umfasste zwölf Fächer, wobei die Noten für Deutsch, Französisch oder Italienisch, Latein und Mathematik doppelt zählten. In diesen vier Fächern mussten alle Noten zwischen vier und sechs liegen. Eine ungenügende Note zählte doppelt, und die Matura wurde nicht bestanden. Dieses Modell wurde bewusst aus elitären Gründen entwickelt. Ich habe die außerordentliche Matura in einer Übergangszeit gemacht. An den Universitäten wurde über dieses ungerechte System bereits nachgedacht.

Meine Privatschule hatte uns auf die Prüfung vorbereitet. Sie führte eine Vorprüfung, wie der reale Ablauf, durch. In der Deutschprüfung mussten wir einen Aufsatz von einem der zwei vorgegebenen Themen schreiben, innerhalb einer Stunde. Über beide Themen hatte ich keine brauchbaren Einstiege gefunden. Ich war blockiert. „Hatte das mit meiner Legasthenie zu tun?“, fragte ich mich erst viel später.

Ich habe ein leeres Blatt abgegeben. Darauf habe ich geschrieben, dass mir zu beiden Themen kein Einstieg gelang. Eine Woche später hatte ich unter denselben Bedingungen einen brauchbaren Aufsatz abgeliefert.

Die Schule entschied sich, mich für die Matura anzumelden.

Die Maturaprüfungen wurden alle sechs Monate an einer anderen Universität organisiert.

Für die Prüfung musste ich nach St. Gallen reisen und ein Hotel für drei Tage buchen. Ich war gut auf die Prüfung vorbereitet und hatte ein entsprechend gutes Gefühl, die Matura zu bestehen.

Wir wurden in Gruppen aufgeteilt, und jede Gruppe wurde von einem Lehrbeauftragten der Universität St. Gallen zu allen Prüfungen begleitet. Die Begleitperson musste die schriftlichen und mündlichen Prüfungen überwachen, damit der Ablauf reglementkonform ablief.

Zum Verhängnis wurde mir das doppelt zählende Fach Latein. Ich hatte mit der Note Drei zwei ungenügende Noten, obwohl ich einen weit genügenden Gesamtdurchschnitt erreicht hatte. Latein war mein Verhängnis, und nicht mein Lieblingsfach. Ich habe mich mehr auf die naturwissenschaftlichen Fächer konzentriert und zu wenig auf das doppelzählige Latein, das damals für die Zulassung des Medizinstudiums noch nicht abgeschafft war. Zwei Jahre später wurde es abgeschafft. Meine Frau Marianne machte mir Mut. Ich kann nicht behaupten, dass ich nicht enttäuscht war. Immer wieder ließ ich den Ablauf der Prüfung durch den Kopf gehen wie einen Film, aber einige Ansätze für den Misserfolg führten mich in meine Jugend zurück, zu meinem Respekt gegenüber studierten Menschen. Meiner Lese- und Schreibschwäche.

Ein halbes Jahr später fand die Maturaprüfung an der Universität Bern statt.

Ich wurde nur in den Fächern geprüft, in denen ich die Note Fünf nicht erreicht hatte. Das waren neben Latein und Deutsch nur zwei Fächer, eines davon war Zeichnen. In Zeichnen hatte ich dann die Note Sechs erreicht. Ich mag mich sehr gut an Zeichnen erinnern und wunderte mich, warum mir der Zeichenlehrer immer wieder von hinten über die Schulter schaute, obwohl ich die Zeichnung in der vorgegebenen Zeit nicht vollenden konnte. Der Prüfungsablauf war gleich wie in St. Gallen. Unser Verantwortlicher war Geographieprofessor vom Institut.

Am letzten Tag der Prüfung erhielt meine Frau am frühen Abend einen Anruf von Professor Gygax, mit der Mitteilung, dass ich die Matura bestanden habe. Die Note Drei für Latein habe er nicht akzeptiert, da ich eine Gesamtnote weit über dem Mittelwert erreicht hatte, so wie sechs Monate vorher. Er forderte den Lateinlehrer auf, die Note auf eine Vier zu erhöhen. Der Lateinlehrer weigerte sich vehement gegen die Erhöhung der Note von Drei auf Vier. Der Professor setzte sich mit seinen Argumenten durch, dass Latein in wenigen Jahren kein Hauptfach mehr sei. In St. Gallen gab es niemanden, der sich für mich eingesetzt hätte.

Ich war zur Zeit des Anrufes im Wald am Joggen, um meine Nervosität zu dämpfen. Als ich die Wohnungstüre öffnete, umarmte mich Marianne innig und gratulierte zum Erfolg. „Du hast die Matura bestanden“, wiederholte sie mehrmals. Meine Nervosität verschwand augenblicklich.

Am Abend besuchten wir zum Feiern ein Kino im Stadtzentrum. Der Titel des Filmes lautete: „Spiel mir das Lied vom Tod“, mit den Hauptdarstellern Charles Bronson, Claudia Cardinale, Regie Sergio Leone, Musik von Ennio Morricone. Dieser Abend wird mir immer in Erinnerung bleiben. Das war das wegweisende Ereignis, das meinen Lebensweg bestimmte.

Wenn heute im Radio oder Fernsehen Musik von Ennio Morricone abgespielt wird, denke ich an diese wunderbare Nachricht von Professor Gygax, und Tränen laufen mir über die Wangen. Von nicht allzu langer Zeit ist mir das auf der Autobahn passiert, sodass ich die nächste Ausfahrt nehmen musste, um nicht einen Unfall zu riskieren. Studenten mit Eidgenössischer Maturität hatten in wissenschaftlichen Fächer nach meiner Erfahrung einen Vorteil. Sie hatten eine höhere Lebenserfahrung und charismatisches Auftreten.

Die Studentenzeit mit Marianne

Marianne arbeitete als Lehrerin in einem großen Quartierschulhaus, umgeben von Hochhäusern. Sekundar- und Primarschule waren in separaten Häusern untergebracht, daneben eine sehr große Turnhalle. Ein großer Rasenplatz mit Weit- und Hochsprunganlage und Turngeräten. In der Turnhalle trainierte der Lehrer-Handballverein, der in der obersten Liga spielte. Neben dem Studium arbeitete ich weiter stundenweise als Bäcker-Konditor. In den Sommerferien täglich während zwei bis drei Wochen. Zwei Wochen verreisten wir in die Ferien. So oft es mein Studienplan erlaubte, verrichtete ich Haushaltsarbeiten oder half beim Kochen. Wenn beide sehr belastet waren, gönnten wir uns ein Mittag- oder Abendessen im nahe gelegenen Team Room. Das erste Jahr war für mich Repetition des Maturastoffes. Dieses Jahr war für mich ein verlorenes Jahr. Es wurde eingeführt, da in katholischen Kantonen das Gymnasium den Klosterschulen angegliedert waren und diese dem Latein einen höheren Stellenwert gaben als den naturwissenschaftlichen Fächern. In diesem Jahr hatte ich viel Zeit. Ich entlastete meine Frau im Haushalt. Ich versuchte, meine handwerkliche Fähigkeit zu testen, indem ich nach einem Muster und Körpermaßen von Marianne ein Kleid nähte. Am Abend gab mir meine Frau stets gute Ratschläge für den nächsten Tag. Nach einer Woche war der Rock fertig. Marianne hatte große Freude an dem Kleid.

Physik Professor hatte die Medizinstudenten in Physik unterrichtet. Die Sommerferien verbrachte der Professor am Nordpol, um Eisbohrungen vorzunehmen. Er war ein Pionier der Klimaforschung und besorgt um einen möglichen Treibhauseffekt durch verstärkten CO_2-Ausstoß.

Wir verstanden seine Arbeiten nicht, aber spotteten über seine Sorgen. Kommilitonen machten sich lustig über ihn. Wir gehen im Sommer lieber ans Mittelmeer als in die Kälte.

2007 wurde an der Universität Bern das Kompetenzzentrum für Klimaforschung, Oeschger-Zentrum für Klimaforschung, nach Hans Oeschger benannt. Im zweiten und dritten Studienjahr vertieften wir uns in die organische Chemie, Anatomie und Histologie, aber auch in die Psychologie, natürliche Lebensvorgänge der biophysikalischen Funktionsweise des Organismus. Die Histologie mit dem Anatomie Professor war für mich das Fach, das mich für die Zukunft am meisten bereicherte.

Die quantenphysikalische Erklärung, wie das Piezoelektrische Phänomen funktioniert, hatte sich im Hirn für immer gespeichert und half mir im Berufsleben zu großen Erkenntnissen.

In meinem Jahrgang waren wir 320 Medizinstudenten. Klinische Ausbildungsplätze standen jährlich nur 180 Plätze zur Verfügung, 20 davon waren reserviert für Medizinstudenten der Universität Freiburg.

Bei der zweiten vorklinischen Prüfung mussten 50 % der Berner Studenten durchfallen, dazu gehörte auch ich. Sechs Monate später habe ich die Prüfung wiederholt und bestanden. Der Druck auf Marianne und mich war enorm groß, aber auch auf meinen Freund. Wir hielten es zu Hause fast nicht mehr aus. Marianne riet uns beiden, eine Woche ans Mittelmeer zu fahren. Mit unserem alten VW Käfer machten wir uns auf die Reise. Wir stiegen ins Auto und fuhren vorerst nach Genf, danach südwärts bis in die Camargue.

Es war Spätherbst, Urlauber waren keine mehr da außer uns. Die Sandstrände waren menschenleer. Mit dem Auto sind wir Achterbahn gefahren. An den Sandstränden war ein Fahrverbot, nur Pferde waren erlaubt. Die Polizei machte keine Kontrollen mehr. Eines Mittags waren wir in Aigues-Mortes auf ein Kirchendach geklettert und haben auf dem Giebel unsere Sandwiches verschlungen.

Ich war schon lange nicht mehr auf Pferden geritten. Wir konnten noch zwei Pferde mieten. Entlang des Sandstrandes wollte ich in den Galopp wechseln und gab die entsprechenden Fersenkicke, das Pferd ist gemütlich weitergelaufen. Der Vermieter erklärte mir auf meine Frage, dass die Pferde nicht für den Galopp trainiert seien. Zu Hause angekommen, hat mich Marianne lachend und voller Freude empfangen. Ich wusste sofort, Ich hatte die Prüfung bestanden, ohne dass Marianne ein Wort sagen musste.

Bis ich das Studium wiederaufnehmen konnte, habe ich wieder als Bäcker-Konditor gearbeitet.

Das klinische Studium

Das klinische Studium war so aufgebaut, dass das erste Jahr vor allem Vorlesungen stattfanden über die Grundlagen von Krankheiten und wie man sie diagnostiziert. Entsprechende Patienten wurden vorgestellt und die Krankheit über die Anamnese, Abklärungen, Laborwerte und Röntgenbilder ausdiskutiert. Die Vorlesungen umfassten Pädiatrie, Innere Medizin, Chirurgie und Pathologie. In Gruppen eingeteilt vertieften wir uns in die gesamten Grundlagen der klinischen Arbeit. Am Ende des Jahres fand die dritte Prüfung statt, die ich problemlos bestand.

Mitte des Jahres wurde ich nach Hause gerufen, weil meine Mutter im Sterben lag. Alle Geschwister waren anwesend. Der Hausarzt wurde aufgeboten, ein älterer Allgemeinpraktiker mit viel Erfahrung, er kannte die Krankheiten seiner Patienten auswendig. Die Atmung war schwer, langsam, und manchmal hörte man ein Brodeln in der Lunge. Ich wusste sofort, dass es sich um eine Herzinsuffizienz mit Lungenödem handelte. Sprechen konnte sie nicht mehr. Ich fragte den Arzt, ob man nicht ein Diuretikum wie Lasix spritzen könnte. Vielleicht hätte sie noch richtig von uns Abschied nehmen können. Der Arzt schaute mich fragend an. „Wieso wissen Sie Bescheid, was man machen könnte?“ Ich antwortete ihm, dass wir letzte Woche die Therapiemöglichkeiten des Lungenödems behandelt hätten. „Ja sind Sie Medizinstudent?“ „Ja, im vierten Jahr“, antwortete ich. Er kannte die fortgeschrittene Herzinsuffizienz meiner Mutter besser als ich. Ich hatte noch zu wenig Erfahrung und wusste zu wenig über den Stand ihrer Herzinsuffizienz. Wir besprachen unter vier Augen in der Küche, was man noch versuchen könnte. Die ersten Herzschrittmacher wurden über die Speiseröhre eingesetzt, und mit etwas Glück hätte man von dort aus die Möglichkeit, das Herz zu stimulieren. Der Erfolg sei mäßig und kurzfristig und oft nicht erfolgreich, da die Herzstimulation indirekt erfolge. Seine Entscheidung, nichts zu unternehmen, war zu diesem Zeitpunkt sicher richtig, da meine Mutter durch das Diuretikum nicht erwacht wäre. Mein Verstand pflichtete ihm bei. Einige Minuten später atmete meine Mutter nicht mehr. Auch die heutige KI hätte den Tod nicht aufgeschoben. Ich war sehr froh, dass ich beim Tod meiner Mutter am Bett gewesen war.

Mein Vater starb vier Jahre später. Wir konnten ihn nicht in den Tod begleiten, da er an einem Sonntagmorgen, bei recht guter Gesundheit, leblos im Bett gefunden wurde. Eine Woche zuvor besuchten Marianne und ich ihn zu Hause. Sein Geist war wach und präsent wie immer, für ein Lebensende gab es keine Hinweise. Die Mutter war drei Jahre jünger als mein Vater und stammte aus dem gleichen Dorf. Sie waren praktisch Nachbarn, aber blutsverwandt waren sie nicht.

Im fünften Studienjahr begann endlich die Arbeit am Patienten.

Jeder „cand. med.“ wurde von einem Assistenten oder Oberarzt begleitet und kontrolliert. Wir rotierten alle vier Wochen in eine andere Abteilung eingeschlossen Pathologie.

Parallel dazu begann ich meine Dissertation. Es war eine Laborarbeit mit dem Thema Isolation von Schilddrüsen-Peroxydase. Wegen meines Alters wollte ich wissen, ob nach dem Studium ich meine Zukunft in der Wissenschaft planen sollte oder doch mit Menschen zu tun haben. Um sechs Uhr morgens verabredete ich mich mit dem Tierarzt in einer Großmetzgerei. An frisch geschlachteten Schweinen entnahmen wir die Schilddrüse. Bis zur Konservierung der Schilddrüsen in Trockeneis dauerte es zwanzig bis fünfundzwanzig Minuten seit dem Tod der Tiere. Die Entnahme wiederholten wir in drei verschiedenen Wochen. Im Labor wird das Drüsenmaterial von Fett und Bindegewebe befreit. Anschließend mit einem Fleischwolf zerkleinert und in Portionen von vierzig Gramm tiefgekühlt. Dieses Verfahren machten wir mit menschlichen Schilddrüsen-Adenomen aus der Pathologie. Eine Stunde nach dem Tod wurden die Drüsen entnommen. Adenome sind Überfunktionen der Schilddrüse. Im Operationssaal holte ich einen 5,5-Gramm schweren Kalten Schilddrüsenknoten ab und gleichzeitig auch eine Schelte eines narzisstischen Chirurgen. Unter gleichen Bedingungen wurden fünfundzwanzig Gramm Kalte Schilddrüsenknoten gesammelt. Über mehrere Schritte wurde die Schilddrüsen-Peroxydase vom Gewebe durch Filtration getrennt und gereinigt.

Die Aktivitäten der drei verschiedenen Gewebe wurden miteinander verglichen.

Die zentrale Frage war herauszufinden, wie hoch das Aktivitätsniveau der Peroxydase, bei therapiertem Schilddrüsenadenom, Überfunktion, verglichen mit dem Kalten Knoten, Unterfunktion, sei. Als Vergleich wurde die Aktivität der Schweineschilddrüsen herangezogen. Das toxische Adenom hatte die höchste Aktivität, der Kalte Knoten eine fünf Mal kleinere. Die ganze Arbeit dauerte fast zwei Jahre. Die Dissertation einreichen konnte ich erst nach dem Staatsexamen. Jetzt wusste ich, dass ich mit Menschen arbeiten wollte.

Im letzten Studienjahr konnten wir die zu belegenden Fächer frei auswählen, aber Innere Medizin und Chirurgie waren vorgegeben. Für die Chirurgie habe ich mich in der Kinderchirurgie angemeldet. Dieses Fach gefiel mir außerordentlich. Der Professor war ein Westschweizer aus dem Waadtland. Wir haben uns sofort verstanden, da wir ähnliche Eigenschaften hatten. Mein Faible war ebenfalls Westschweizerisch. Er bot mir eine

Assistentenstelle an. Ich sagte sofort zu. Konnte die Stelle aber erst in einem Jahr antreten. Den letzten Teil des Jahres verbrachte ich in den USA, in Cleveland, Ohio, am Case Western University Hospital, auf der Neurologie.

Marianne kam acht Wochen später nach Cleveland. Für die Auszeit musste sie eine Stellvertretung finden. Ich habe außerhalb Cleveland ein Haus gemietet und ein altes Auto gekauft. Mein Arbeitsweg in die Klinik betrug fünfzig Meilen. Das Quartier beherbergte gut situierte Familien. Wir hatten sofort Anschluss und mit den Nachbaren ein gutes Verhältnis.

Wir mussten für die Nachbarn eine Antrittsparty organisieren. Am Sonntagabend wurden wir in die Kirche eingeladen. Nur wenige besuchten den Gottesdienst, die andern spielten mit den Kindern. Der Chinese bereitete das Abendessen zu. Gemeinsam wurde gegessen und viel diskutiert. Nie wurde über Politik gesprochen, wie das bei uns der Fall wäre. Marianne und mir gefiel die Art des Zusammenlebens in dieser Region. Einige Jahre später, als wir in Rohrbach wohnten, kam ein Pfarrer aus dieser Region für ein Jahr dorthin. Er musste ein Jahr in seinem Heimatort verbringen, damit seine Sippschaft das Schweizer Bürgerrecht behalten konnte. Auch er wollte dieses Zusammenleben bei uns einführen, aber er hatte dabei wenig Erfolg. Nur eine kleine Gruppe befürwortete diese Lebensart. Von Cleveland aus besuchten wir Chicago, Pittsburgh, die Niagarafälle und die Landschaft im Staat Ohio. Wir wurden von einem Studenten nach Columbus eingeladen. Ein Kollege, der in Berlin Medizin studierte, kam für die Ferien zurück. Er brachte Haschisch mit, das mit einer Porzellanpfeife geraucht wurde. Sie wurde im Kreis herumgereicht. Die anwesenden Studenten waren nach kurzer Zeit high. Ich versuchte auch, zwei bis drei Züge zu rauchen, aber ich spürte keine Veränderung meiner Psyche. In den USA gab es nur Marihuana.

Das alte Auto konnten wir verkaufen.

Wir besuchten ein Konzert der Rolling Stones in einer großen Konzerthalle Downtown Cleveland. Die Halle war voll besetzt mit jungen Menschen, die schon vor Beginn Marihuana-Zigaretten rauchten, zum Rauchen mit einer Pinette zum Mund geführt, damit die anwesende Polizei keine Fingerabdrücke der Rauchenden an den Zigaretten finden konnte.

Die Rolling Stones wurden mit einem Rolls-Royce auf die Bühne gefahren.

Vor der Rückkehr in die Schweiz reisten wir in den Westen der USA. Wir flogen von Cleveland nach Albuquerque in New Mexico. Von dort fuhren wir mit einem Mietauto nach Santa Fe. Mitten in der Stadt entdeckte ich in einem Schaufenster Backwaren wie in der Schweiz. Meine Frau und ich traten ein und fragten, ob sie alles wie in der Schweiz herstellten. Ja, sie lebten seit über zehn Jahren in dieser wunderschönen Stadt. Sie hätten sich in diese Stadt verliebt und seien hierher ausgewandert. Ursprünglich kämen sie von Greyerz, Kanton Freiburg. Ich wechselte von Englisch auf Französisch. Fast alle Angestellten im Betrieb kämen aus der Region Greyerz. Die Frau empfahl uns, den Indianermarkt auf dem Hauptplatz nicht zu verpassen.

Mitten auf dem Platz stand ein großer Brunnen mit vielen eingeworfenen Dollars. unzählige Touristen besuchen Santa Fe wegen dieses Marktes. Die Legende offenbart, wenn man einen Dollar über die Schulter in den Brunnen wirft und derjenige der Frau am gleichen Ort lande, würde man einmal zurückkommen. Tatsächlich landete der Dollar meiner Frau genau auf meinem. Unser Lebensweg führte uns leider nicht mehr in diese Stadt zurück, obwohl wir oft zu Hause darüber sprachen.

Zurück in Albuquerque, bemerkte ich am Abend, dass ich meine Weste in einem Restaurant vergessen hatte. Wir fuhren noch einmal zurück und fanden die Weste am gleichen Ort, wo ich sie aufgehängt hatte. Nach der Sage kamen wir doch noch einmal zurück. In der übernächsten Nacht mussten wir im Auto übernachten, weil wir im Indianerreservat keine Unterkunft fanden. Über den Staat Colorado erreichten wir das Coloradoplateau. An der Grenze zu Arizona wurden wir von der Polizei aufgehalten. Sie suchten nach Obst, das nicht nach Arizona wegen einer Krankheit eingeführt werden durfte. Unsere zwei Äpfel haben wir auf dem Weg gegessen. Wir erreichten den Grand Canyon zur geplanten Zeit. Am frühen Morgen um fünf Uhr stiegen wir in den Canyon ein. Wir waren auf das Abenteuer gut vorbereitet und haben ein kleines Zelt organisiert. Auf halbem Weg nach unten befand sich ein überschaubarer Zeltplatz. Wir stellten das Zelt auf und machten uns auf den Weg zum Colorado River. Der Weg führte durch Seitenschluchten und steil abfallendes Geröll. Die letzten Meilen bis zum Hotel durchwanderten wir eine wüstenähnliche Sandfläche. Dort stand eine Tafel mit der Aufschrift: Achtung Klapperschlangen. Der Blick von unten nach oben kam mir vor, als ob wir uns in den Alpen befänden, nur dass die Bergspitzen fehlten. An diesem Tag war es sehr heiß. Im Hotel verpflegten wir uns und ruhten vor dem Aufstieg noch eine Weile aus. Der Höhenunterschied zwischen dem Coloradoplateau und dem River, je nach Einstiegsort, um die 1500 m. Für einen Geologen ist der Grand Canyon ein Lehrstück über Millionen von Jahren. Fast jede Felsschicht hat eine andere Farbe, die Einsicht in die Entstehung der Schichten Auskunft geben. Bei der Rückkehr trafen wir zwei junge Männer aus Ohio, nur in Freizeitschuhen. Sie fragten uns, ob sie mit uns aufstiegen könnten. Sie glaubten, am gleichen Tag den Ab- und Aufstieg zu meistern. Nach kurzer Zeit mussten sie einsehen, dass ihr Vorhaben gescheitert war, und sie meldeten sich beim Ranger. Wenig später wurden sie vom Rettungshelikopter abgeholt. Bis zu unserem Nachtlager brauchten wir noch etwa zwei Stunden. Dort angekommen, waren wir sehr müde. Nach dem kalten Abendessen schliefen wir beide sehr schnell ein. Um fünf Uhr morgens wurden wir durch einen heftigen Down Wind geweckt. Das Zelt hielt der Windkraft stand. Am Abend fuhren wir zurück nach Albuquerque. Am nächsten Tag flogen wir nach San Diego, Kalifornien. Wir verbrachten zwei Tage in San Diego, besuchten den weltberühmten Zoo und die wunderschöne Stadt. Am dritten Tag brachen wir mit einem Mietauto auf, entlang der Pazifikküste bis Los Angeles. Dort besuchten wir Disneyland, bevor wir über die Sunset Avenue Los Angeles nach Norden verließen. Wir planten, das Hearst Castle zu besuchen. Das Schloss wurde anfangs des 20. Jahrhunderts nach griechischem Vorbild errichtet. Hearst war ein Zeitungsverleger und wurde dadurch sehr reich. Das Schloss steht auf den Santa Lucia Mountains. Hearst hatte eine Neigung zur Kunst und kaufte vor allem in Europa, was ihm angeboten wurde. Heute ist das schlossartige Anwesen ein Ort von historischer Bedeutung. Der Neptune Swimming Pool mit griechischen Säulen im Hintergrund verleiht dem Schloss einen modernen Anstrich. Berühmte Persönlichkeiten wie Winston Churchill, Filmgrößen wie Charlie Chaplin, Cary Grant und Clark Gable und viele mehr waren Gäste im Castle. Zum Übernachten fehlte uns das Geld. Zurück auf dem Pacific-Coast-Highway, fuhren wir weiter nach Norden bis San Francisco.

Auf diese Stadt hatten wir uns sehr gut vorbereitet. Auf der Liste standen: Golden Gate Bridge, Golden Gate Park, Chinatown, Twin Peaks, Lombard Street, bekannt als Crooked Street, die weltberühmten Cable Cars und die Hafenregion. Überquert man die Bay über die Golden Gate Bridge, führt der Weg abwärts zur Bay, dann erreicht man Sausalito. Ein großer Hafen für Segelschiffe, Sicht auf die Strafinsel Alcatraz, auf der auch Al Capone inhaftiert war. Die großartige Sicht auf San Francisco lässt uns träumen. Wir haben das Herz in Sausalito verloren. Über die Oakland Bay Bridge erreichten wir Oakland und das große Universitätsquartier Berkeley. Die Weinberge im Napa Valley waren auch auf unserem Programm. Wir besuchten viele Weinkeller und philosophierten dort über Rot- und Weißwein sowie auch über Traubensorten und das Terroir, mit Vergleichen zu Frankreich und Italien. Ich bekomme noch heute E-Mails von einem Weinproduzenten. Von San Francisco flogen wir zurück nach New York.

In New Jersey besuchten wir einen Freund aus der Primarschulzeit. Er lernte Coiffeur wie sein Vater. Wegen Unstimmigkeiten mit dem Vater wanderte er in die USA aus. Heute ist er Überlandchauffeur. Er ist verheiratet mit einer Italoamerikanerin, mit der er zwei Kinder hat. Ich las aus unseren Gesprächen heraus, dass er sich den amerikanischen Traum anders vorgestellt hatte. Zurück in der Schweiz, hatte ich drei Wochen Zeit, mich auf das Staatsexamen vorzubereiten, das ich problemlos bestand.

Familiengründung

Im zweitletzten Studienjahr beschlossen wir, eine Familie zu gründen. Da meine Frau nicht schwanger wurde, ließen wir uns durch einen Gynäkologen untersuchen. Einen Grund konnte bei beiden nicht gefunden werden. Wir glaubten, durch Tapetenwechsel könnte meine Frau schwanger werden. Weder der USA-Aufenthalt noch der Winter in Gstaad hatte eine Wirkung. Wir entschieden uns, Kinder zu adoptieren. Mein persönlicher Zahnarzt hatte die gleichen Erfahrungen erlebt, eine Schwangerschaft zu erzwingen. Er hatte durch einen Arzt, der in Kolumbien mehrere Jahre tätig war, eine Kontaktadresse erhalten.

Wir meldeten uns bei der Advokatin, die uns über die nötigen Dokumente für eine Adoption in Kolumbien orientierte und alle Dokumente, die auf Spanisch übersetzt eingereicht werden mussten. Das Sozialamt beurteilte uns auf die Adoptionstauglichkeit, informierte sich über die Wohnungsgröße, die berufliche Tätigkeit sowie den Leumund von beiden. Die definitive Zusage erhielten wir auf der kolumbianischen Botschaft in der Schweiz. Über die Advokatin erhielten wir zwei Vorschläge mit Foto, Alter und Gesundheitsstatus des Kindes. Wir entschieden uns für den acht Wochen alten kräftigen Knaben. Dann ging alles sehr schnell. Wir waren überzeugt, dass bisher alles nach dem schweizerischen und kolumbianischen Recht abgelaufen war. Bezahlen mussten wir nur die Arbeit der Advokatin. Es war ein kleiner Betrag gegenüber den Honoraren unserer Advokaten. Das Kinderheim bezahlten wir für zwei Wochen Aufenthalt und eine Arztrechnung. Auch dieser Betrag war nicht hoch. Unsere damalige Advokatin wurde fünf Jahre später zur Familienministerin nach Bogota berufen. Aus familiären Gründen gab sie die dreizehnjährige Tochter einer engen Verwandten zur Adoption frei. Sie wählte einen Arztkollegen von mir aus, der schon zwei Kinder aus Kolumbien adoptiert hatte. Drei Jahre später besuchte uns die Familienministerin in der Schweiz. Wir buchten die Reise nach Kolumbien mit der holländischen Fluggesellschaft KLM, weil es damals die einzige europäische Gesellschaft war, die direkt über Caracas nach Bogota flog. Alle andern machten den Umweg über Florida.

Das Hotel in Cali wurde von einer Schweizerin geführt und auf unsere Ankunft vorbereitet. Die kolumbianischen Behörden stellten das Ausreisedokument für das Kind nach zweiwöchigem Aufenthalt in Kolumbien aus. Mit der Advokatin mussten wir uns auf der Familienbehörde melden. Wir wurden über die Rechte des Kindes orientiert, das bis zur Adoption bei uns immer noch Bürger von Kolumbien ist, danach sei eine Doppelbürgerschaft möglich, die über die Botschaft abgewickelt werden müsste. Wir erhielten auch Auskunft über das Kind und das Alter der Mutter sowie eine Kopie des Geburtsdokuments. Den kräftigen Knaben konnten wir am nächsten Tag abholen und zu uns ins Hotel mitnehmen. Wir haben die Tage benutzt, um Cali etwas näher kennenzulernen. Im Hotel wohnte ein amerikanischer Wissenschaftler, spezialisiert auf das Wachstum der Waldbäume in der Äquatorialregion. Eines Abends beim Nachtessen setzte er sich zu uns an den Tisch und offenbarte, dass er auch Schweizer Wurzeln habe und in Ohio aufgewachsen sei. Ich sagte, dass wir das Dorf kennen, in dem er aufgewachsen war. Bei einem Ausflug in den Süden des Staates fiel uns ein größeres Dorf auf, dessen Häuser unseren Bauernhöfen im Emmenthal ähnlich waren. Eine Käserei mitten im Dorf fiel besonders auf. Er heiße Bill Lädrach, seine Vorfahren seien 1850 nach Ohio ausgewandert, erzählte uns der Biologe. Er gab uns die letzten Koordinaten in der Schweiz vor der Auswanderung nach Amerika. Mit den Angaben konnte er keinen genauen Herkunftsort ausfindig machen. Die Kühweide war nur ein Übergangsort, nach sechs Monaten verließen sie die Schweiz Richtung Amerika. Ich fand heraus, dass sie in der Kühweide nicht registriert waren. Es gab nur zwei Weiler mit demselben Namen. Sein ursprünglicher Heimatort war Konolfingen, dort habe ich den Ursprung der Lädrachs ausfindig gemacht. Der Familienstammbaum konnte durch meine Nachforschung vollendet werden. Ein Familienast führte ins Nachbardorf Worb. Auch dieser Familienast hatte mit Wald und Holz etwas gemeinsam mit Bill. Heute befindet sich die Holzbearbeitungsfirm Lädrach immer noch in Worb. Ich führte die beiden Familienzweige später zusammen, als

Bill und Gladice uns in der Schweiz besuchten. Die damalige Freundin Gladice und spätere Ehefrau war die Tochter eines kolumbianischen Diplomaten. Die Kindheit erlebte sie in Rom und in New York, als ihr Vater bei der UNO Kolumbien vertrat. Bill wurde inzwischen Professor an der Universität in South Carolina. Sein Forschungsgebiet ist der Tropenwald, über das zeitliche Wachstum der jungen Bäume und die Nutzung des Tropenholzes.

Nach zwei Wochen verließen wir Kolumbien via Caracas in Richtung Europa. Normaler Start in Caracas, wir ahnten noch nicht, was wir nach einer Stunde Flug erleben würden. Die Passagiere machten sich nach dem Nachtessen für die Nachtruhe bereit. Wie aus heiterem Himmel wurde das Flugzeug hin und her gerüttelt. Durch den Lautsprecher wurden wir aufgefordert, den Sitz nicht zu verlassen und uns anzuschnallen. Das Kabinenpersonal half den Passagieren, die Sicherheitsgurte korrekt zu verankern und Reisetaschen zu sichern. Sie kontrollierten auch die Fixation des Hängebettes, in dem Andreas schlief. Die Flugbegleiterin glaubte, dass das Kind im Hängebett sicherer sei als auf unserem Schoß. Der kräftige Knabe schlief weiter und hat vom Sturm nichts mitbekommen. Etwa vier Mal stürzte das Flugzeug zwei- bis dreihundert Meter oder mehr in die Tiefe. Jedes Mal ertönten ein lautes „Ah, ah!“ und Hilfeschreie, einige Passagiere begannen zu beten. Die Stimmung war sehr getrübt und angespannt bis zu plötzlicher Stille. Im Volksmund werden die Tiefstürze als Absturz in einen luftleeren-Raum interpretiert. Am Rande eines Sturmes, wie sie in dieser Region häufig vorkommen, herrscht ein Chaos. Aber dieser Sturm war im Dezember, und daher außergewöhnlich. Kräftige Abwinde von großen Luftmassen mit einem mehrfachen Gewicht des Flugzeuges drücken das Flugzeug in die Tiefe, um Druckunterschiede auszugleichen. Ich will nicht behaupten, dass ich nicht auch Angst gehabt hätte. Mariannes und meine Gedanken waren vor allem bei dem kleinen, kräftigen Knaben. Nach knapp einer Stunde war der Spuk vorbei. Durch den Lautsprecher vernahmen wir, dass sie die Route ändern, die Zyklone südlich umfliegen und über Afrika nach

Europa fliegen würden. Ein Kubikmeter Luft hat ein Gewicht von 1,29 kg. Eine bewegte Luftmasse entwickelt Kräfte, die wir fast nicht erfassen können.

Kurz nach acht Uhr landeten wir in Lissabon, um Kerosin nachzufüllen. Amsterdam erreichten wir mit einiger Verspätung. Die meisten Passagiere sahen beim Aussteigen übermüdet aus und waren gekennzeichnet durch den Schlafmangel. Marianne und ich haben recht gut geschlafen. Zürich erreichten wir erst gegen Abend.

DIE ÄRZTLICHE TÄTIGKEIT NACH DEM STAATSEXAMEN

Ein Winter in Gstaad in einer chirurgischen Praxis

Ich war stolz, dass ich für die Familie sorgen durfte. Nach dem Staatsexamen im Herbst mit 38 Jahren konnte ich erst im kommenden Frühjahr die Assistentenstelle auf der Kinderchirurgie antreten. Als Übergangslösung fand ich eine Arbeit in einer chirurgischen Praxis im Winterkurort Gstaad. Eine Wohnung respektive ein Haus hatte ich durch einen Cousin in Schönried gefunden. Das Haus war nach dem typischen Stil der Alpenregion gebaut. Auch die hohen Türschwellen zwischen den Zimmern waren typisch für die Region. Ich erkundigte mich bei einem lokalen Architekten über den Sinn der hohen Türschwellen. Er erklärte mir, dass man glaubte, dass Wanzen, Motten und andere kleine Tierchen nicht über die Schwellen ins andere Zimmer wechseln konnten. Außer der Grundmauer war alles aus Holz gebaut. Eine Ölheizung wurde erst nachträglich eingebaut. Der erste große Schneefall begann schon Mitte November. In diesem Winter war sehr viel Schnee gefallen, in Gstaad über einen Meter. Marianne hatte diesen Winter genutzt, um Erfahrungen im Skifahren zu sammeln. Der Skilift war vor dem Haus. In diesem Winter fand in der Kirche in Saanen das Menuhin-Festival statt. Auch viele andere Konzerte wurden in der Region Gstaad abgehalten. In der Freizeit, die ich nur Donnerstagnachmittag und am Sonntag hatte, standen wir beide auf den Skipisten, von denen es viele gab. In den Winterschulferien verbrachten viele Schulen aus dem Unterland Wochenaufenthalte in der Umgebung von Gstaad. Entsprechend viel Bein- und Vorderarmbrüche mussten wir reponieren und eingipsen. Die Chefin war Anästhesieärztin. Die Frakturreposition, im Kindesalter meistens die Wachstumsfuge betroffen, geschah unter Kurznarkose. Die komplizierteren Frakturen wurden operativ im Spital durchgeführt. Am Abend war meine Aufgabe, Gipskontrollen zu machen, ob Druckstellen vorhanden sind, wenn ja, musste ich den Gips spalten und neu einbinden. Oft spät am Abend kam ich von den Kontrollen nach Hause, weil die Ferienhäuser in der Region verteilt waren. Die Region Gstaad beherbergte viele bekannte Künstler, Hollywoodgrößen wie Elizabeth Taylor, bekannt als Liz Taylor, Julie Andrews, bekannt aus Mary Poppins, und ihren Ehemann und Filmregisseur Blake Edwards sowie viele andere Künstler, aber auch den bekannten Playboy Gunter Sachs.

Am Weihnachtsabend schickte mich mein Chef zum Doppelchalet von Liz Taylor. Ihr Großkind war krank. Über die Gegensprechanlage meldete ich mich an. Ich erwartete, dass eine Bedienstete mich an der Türe abholen würde. Die bekannte Schauspielerin holte mich persönlich ab. Nach Begrüßung führte sie mich zum Zimmer ihres Enkelsohnes. Ihr Sohn würde bald erscheinen. Ich untersuchte den kleinen Knaben, stellte die Diagnose eines viralen Affektes der oberen Luftwege fest und schrieb eine Verordnung für die Medikamente. Beim Verlassen des Kinderzimmers stand Liz Taylor immer noch vor der Kindertüre und begleitete mich zur Haustüre zurück. Im Gegensatz zu den Medien war Liz Taylor eine normale Frau, wie viele andere auch. Dieses Beispiel ist typisch, wie die Medien bekannte Menschen in einem völlig anderen Licht beschreiben. Für mich war das Erlebnis am Weihnachtsabend mit Liz Taylor ein Lehrstück, lasse dich nicht von den Wochenmagazinen beeinflussen, mache dir selbst ein Bild von einer Person, die du auch nur kurz getroffen hast.

Am 2. Januar wurde ich von der Loyd's-Versicherung als zweiter Arzt aufgeboten, einen Besuch bei Blake Edwards durchzuführen. Im Schlafzimmer untersuchte ich den Patienten und stellte, wie der behandelnde Arzt auch, eine Lungenentzündung fest. Wir hatten schnell ein persönliches Gespräch. Ich erwähnte, dass ich in Cleveland studiert hatte, vor der Rückreise Kalifornien bereist und Los Angeles über den Sunset Boulevard nach Norden verlassen hatte.

„Warum sind Sie nicht bei mir vorbeigekommen?" Ich antwortete: „Wir haben uns ja erst vor paar Minuten kennengelernt." Wir mussten beide laut lachen. Wir führten intime Gespräche, die ich nicht erwartet hätte. Der weltbekannte Mann eröffnete mir, wie er Julie Andrews kennengelernt hatte. Er produzierte einen Film mit Julie. Beide waren noch nicht sehr lange geschieden, hatten sich während der Dreharbeiten verliebt und bald danach geheiratet. Das Gespräch dauerte fast eine halbe Stunde. „Jetzt muss ich dir noch meine Frau vorstellen", und er bat sie per Telefon einen Stock höher zu kommen. Das Gespräch dauerte noch einmal eine halbe Stunde. Wenn ich Julie auf der Straße begegnete, ging es nicht ohne kurzes Gespräch. Am Abend informierte sich die Loyd's-Versicherung, wie es dem Patienten gehe und ob er Antibiotika erhalten habe. Während seiner krankheitsbedingten Abwesenheit stand das ganze Studio still.

Zwei Wochen später wurde ich ins Chalet von Playboy Gunter Sachs gerufen. Seine Köchin erkrankte. Ich diagnostizierte eine Lungenentzündung, und musste sie für mindestens eine Woche krankschreiben. Stellte ein Arbeitsunfähigkeitszeugnis aus und verordnete Medikamente. Persönlich habe ich beide Dokumente an Herrn Sachs übergeben. Er schaute mich fragend an, wo solle er jetzt essen? Ich antwortete: „Herr Sachs, Sie kennen ja das Palace Hotel. Dort isst man gut, und es sollte doch während einer Woche eine kleine Abwechslung für Sie sein." Er verabschiedete sich von mir, mit einer verzerrten Miene.

Mein Chef schickte mich ins Palace Hotel, um eine Blutentnahme eines Gastes durchzuführen.

Ich meldete mich bei der Suite Nummer vier. Die Türe öffnete eine Dame. Ich stellte mich der Dame mit Namen vor und dass ich bei ihrem Mann eine Blutentnahme durchführen müsse. Die Dame musterte mich von oben bis unten und fragte mich, ob ich genügend Erfahrung habe für eine Blutentnahme. Ich antwortete nicht auf die ungewöhnliche Frage. Vor der Türe ihres Mannes habe ich die Ausrüstung für die Blutentnahme der Dame übergeben wollen, mit der Bemerkung, dass in dieser Tasche alles vorhanden sei für eine Blutentnahme, da sie ja glaubte, ich sei dazu nicht fähig. „Nein, nein, so habe ich es nicht gemeint.“ Ich entnahm das Blut des Patienten und verabschiedete mich mit der Bemerkung, dass sie eine Stunde später die Resultate abholen könne. Ich erzählte den Werdegang meinem Chef. Er musterte mich unglaubwürdig und sagte mir, dass der Patient der Innenminister von Griechenland war und seine Ehefrau eine ehemalige Krankenschwester.

Eines Nachts wurde ich in einem Hotel um zwei Uhr früh für einen Krankenbesuch aufgeboten. Ich meldete mich wie üblich beim Concierge des Hotels, der mich bis zum Zimmer der Frau begleitete. Eine vielleicht vierzigjährige Frau öffnete die Türe, schaute mich verstreut an und sagte, sie habe mich nicht kommen lassen, um mit ihr ins Bett zu gehen. Ich antwortete, deshalb sei ich auch nicht gekommen. Sie hatte erhöhte Temperatur und leichte Kopfschmerzen, könne deswegen nicht einschlafen. Ich überreichte ihr ein temperatursenkendes Mittel und forderte den Concierge auf, einen Kältebeutel mit Eiswürfeln für die Kühlung der Stirne zu organisieren. Mein Chef schickte mich ins Palace Hotel zu einem Angestellten. Er informierte mich nebenbei, dass ich nicht erschrecken solle, wenn ich ins Angestellten-Haus komme. Was ich dort antraf, machte mich nachdenklich. Ich trat in einen großen Saal, in dem am Boden etwa dreißig Matratzen lagen, auf einer lag der erkrankte Koch. Heute wären solche Unterkünfte für die Angestellten nicht mehr erlaubt.

An einem freien Nachmittag betrat ich in Saanen ein Restaurant. Beim Eingang lag ein älterer Herr auf dem Rücken und wurde durch den Besitzer reanimiert. Ich organisierte unverzüglich den Rettungswagen, der nach 2 bis 3 Minuten vor Ort war. In der Zwischenzeit übernahm ich die Reanimation, aber ich merkte bald, dass wir den Mann nicht retten konnten.

Später erfuhr ich, dass es sich um den Chef einer großen Chemie-Firma handelte.

Umschulung zum Militärarzt

Anfangs März wurde ich für einen dreiwöchigen Militärkurs für Ärzte aufgeboten. Wir wurden auf die Aufgaben und Kompetenzen bei den Sanitätstruppen vorbereitet. Ich wurde in die Spitalabteilung eingeteilt.

Zwei Wochen hatten wir theoretische Ausbildung und täglich vier Stunden Vorlesungen. Am Nachmittag studierten wir die vielen Reglemente.

Als Ältestem wurden mir die militärischen Anmeldungen und Abmeldungen meiner Kollegen bei den Dozenten übertragen.

Ein Apotheker im Range eines hohen Offiziers begann die Vorlesung mit folgenden Worten: „Sie sind alle, auch als Ärzte, manipulierbar."

Die erste Stunde dozierte er über die Medikamente, die Anwendungen und Bestellungen im Dienst. „Privat werden Sie von gut ausgebildeten Medikamentenverkäufern manipuliert, ohne dass Sie es merken." Ich wollte deswegen Fragen stellen, hielt sie aber bis zur Pause zurück, weil ich zuerst mit den Kollegen diskutieren wollte.

Diese Aussage kam bei mir nicht gut an. Ich kochte innerlich, als ob ich ein manipulierbares Objekt wäre.

In der kurzen Pause entstand unter uns eine rege Diskussion.

Nach der Pause meldete ich mich und forderte den Offizier auf, zu erklären, warum er glaube, dass wir alle manipulierbar seien. Er konnte keine glaubwürdige Antwort geben. Meine Kollegen und ich stellten ständig Fragen, die er nicht beantworten konnte. Nach vielleicht einer halben Stunde verließ er den Raum ohne Abmeldung.

Heute glaube ich, auch Dank meiner Erfahrung, dass auch Ärzte durch KI manipulierbar sind.

TIEFGRÜNDIGE, BREITE CHIRURGISCHE AUSBILDUNG – DIE ASSISTENZZEIT AM UNIVERSITÄTSSPITAL

Assistent auf der Kinderchirurgie

Am ersten Montag im April meldete ich mich um 07.00 im Sekretariat von Kinderchirurgie Professor Beim Morgenrapport um 7.30 stellte ich mich den Kollegen vor. Als meinen Mentor bestimmte der Chef der Kinderchirurgie seinen Stellvertreter, ebenfalls im Range eines Professors. Anschließend führte mich mein Monitor durch die Klinik, die chirurgische Polyklinik, das Röntgen, den Notfall und die medizinische Kinderpolyklinik. Er eröffnete mir, dass der Klinikchef mich als Privatassistent vorgesehen habe. Ich war überrascht, dass ich als unerfahrener Anfänger diese Position einnehmen durfte. Es hatte doch noch erfahrenere Kollegen als mich. Meine Aufgabe war die Betreuung der Privatpatienten, Chefvisite mit dem Professor und Operationsassistent. Zusätzlich unterliegen mir auch die Vorbereitungsarbeiten für die Vorlesungen. Zusammenstellen der Diapositive für die Vorlesung und Diapositivschieber während der Vorlesung.

Ansonsten bin ich in den normalen Klinikbetrieb eingebunden mit Nachtdienst, Notfalldienst und Wochenenddiensten. Letztere begannen am Freitag ab achtzehn Uhr und endeten um sieben Uhr am Montagmorgen. Ohne Unterbruch begann am Montagmorgen die normale Wochenarbeitszeit. In den Wochen vor und nach dem Wochenenddienst hatten wir keinen Nachtdienst. Alle sechs Wochen hatte jeder einen Wochenenddienst. Neben den beiden Professoren gab es noch zwei Oberärzte und eine Oberärztin, sie war die Chefin der Polyklinik. Das Kinderspital befand sich in einem Neubau, der vor einem Jahr eröffnet worden war. Mein Praktikum absolvierte ich noch im Altbau. Das Kinderspital war mit einer Verbindungsbrücke mit dem Erwachsenenspital verbunden. Nach einer Woche war ich schon gut integriert. Offenbar gab es zwei Assistentengruppen. Jede eiferte einem Oberarzt nach. Kollegen fragten mich, welcher Gruppe ich mich zugeneigt fühlte. Ich war überrascht und schüttelte nur den Kopf bei der Anfrage. Was meinst du mit der Gruppenzugehörigkeit? Ich erklärte ihm, dass ich als Assistent so viel lernen und Erfahrungen sammeln möchte wie möglich. Dazu brauchte ich keine Gruppenzugehörigkeit. Ich habe einige Waschweiberdiskussionen miterlebt und mich höchstens am Rande beteiligt, wenn ich Stellung bezog. Diese Kultur erinnerte mich an die Erfahrungen, die ich als Studentenvertreter der medizinischen Fachgruppe bei den Sitzungen machte, an denen ich teilnahm. Die Waschweiberkultur ist offenbar Teil des Arbeitslebens in einer größeren Einheit. Das Positive an dieser Kultur ist, man spricht wenigstens miteinander. Das Gegenteil erzählte mir der Sohn des Hausbesitzers, bei dem wir wohnten, nämlich dass sein Vater seit 26 Jahren Bundesbeamter sei und seit 25 Jahren mit seinem Büropartner nur noch spreche, wenn es sich um berufliche Angelegenheiten handele. Die Kinderchirurgen hatten auch engen Kontakt zu den Pädiatern. Am Mittagstisch waren wir oft gemischt an einem Tisch. Mit einem Pädiatrie-Professor hatte ich eine besondere Beziehung. Oft rief er mich an, wenn einer unserer Oberärzte nicht abkömmlich war, um ein Kind zu beurteilen, wenn es sich um eine mögliche Operation handelte.

Sein viel jüngerer Bruder war Assistent auf der Pädiatrie. Im medizinischen Labor arbeitete eine junge Frau aus Freiburg, ihre Muttersprache war Französisch. Sie stammte aus einer reichen Familie, die Großaktionär in der Chemiebranche in Basel war. Der jüngere Bruder des Professors und die Laborantin waren ein Paar und heirateten später. Einige Jahre später wurde er Direktor eines großen Basler Chemiekonzerns.

Meinen körperlichen Bewegungsdrang konnte ich im Fußballteam der Kinderklinik ausleben. Die Kinderkliniken spielten untereinander eine Art Schweizer Meisterschaft. Ich war ein ständiges Mitglied der Mannschaft. Manchmal musste ich mit einem Kollegen den Wochenenddienst tauschen.

Im zweiten Jahr gehörte ich schon zu den Fortgeschrittenen. Mir wurden Aufgaben anvertraut wie Organisation der Weiterbildung der Wahljahrstudenten, der Assistenten, oft auch zusammen mit der Radiologie und der Physiotherapie. Mit dem pädiatrischen Gastroenterologen hatte ich ein enges Verhältnis. Er wohnte in Neuenburg und pendelte täglich zwischen den beiden Städten. Am Ende meiner Kinderchirurgie-Ausbildung wechselte er als Chefarzt nach Neuenburg.

Ich begegnete ihm später wieder in Neuenburg, als ich als Oberarzt tätig war.

Zusammen mit einem Oberarzt wurde ich auf einen Kongress nach Paris geschickt.

Das Thema war Megacolon congenitum oder Hirschsprung-Krankheit. Eine Krankheit, die schon bei Säuglingen auftritt. Es fehlen Ganglienzellen am Enddarm des Rektums. Je nach Anlage und Ort des Fehlens der Nervenzellen sind die pathologischen Bilder unterschiedlich. Ich war das erste Mal auf so einem Riesenkongress und war beeindruckt, wie die Franzosen das Thema präsentierten. Zum Beispiel wurde eine statistische Umfrage durchgeführt. Der Vorsitzende forderte alle Delegierten der Kinderkliniken auf, die Anzahl Fälle der letzten drei Jahre zu melden.

Jede Klinik wurde mit Namen abgefragt. Der Kongress dauerte drei Tage. Am zweiten Abend besuchten wir die Abendvorstellung im Théâtre de la Comédie-Française. An diesem Abend wurde „Les Caprices de Marianne" aufgeführt. Das erinnerte mich an eine Geschichte, die meine Frau Marianne noch während meiner Studienzeit erlebt hatte. Wegen Rückenschmerzen meldete sie sich in einer Frauengruppe für eine Woche Therapie in einem Badekurort im Wallis an. Nach dem, was sie dort erlebte, war die Therapie weniger wichtig als der Abendausgang. Einige der Frauen brauchten eine Abwechslung zum Familienleben. Die Männer haben ihre Familienauszeit mit den jährlichen militärischen Wiederholungskursen.

Das Theaterstück handelte eben gerade über solche Momente und die Lügen in der Gesellschaft.

Meine operative Tätigkeit wuchs von Woche zu Woche. Bevor ich am Abend nach Hause fuhr, schaute ich noch schnell in der Notfallaufnahme vorbei. Oft war noch eine Fraktur oder ein Blinddarm oder sonst noch etwas Interessantes eingetroffen. Manchmal fragte mich der diensthabende Oberarzt, ob ich einen dieser Notfälle operieren wolle. Ich sagte selten Nein. Nach Hause kam ich etwas später, aber ich meldete meine Verspätung immer an. Manchmal war meine Frau nicht zufrieden, aber sie verstand auch, dass ich bei meinem Alter die Zeit nutzen musste, um Erfahrung zu sammeln.

Andreas war bereits ein Jahr alt und machte uns große Freude, sodass wir über die Unannehmlichkeiten hinwegsahen.

Viviane wurde uns aus Kolumbien angemeldet.

Mit dem Wohnwechsel haben sich Kosten angehäuft, da die Wohnung größer und der Zins etwas höher ausfiel. Wir entschieden uns, dass nur ich nach Cali fliege. Ich musste zwei Wochen Urlaub eingeben. Frau Bettex erfuhr, dass ich ohne meine Frau nach Kolumbien reise und meine Frau mit Andreas zu Hause bleibt. Ich erklärte ihr, dass durch den Wohnsitzwechsel viele zusätzliche Kosten angefallen waren. „Das kommt nicht infrage, dass Sie ohne Frau nach Kolumbien reisen, Ihre Frau reist mit." Die Frau des Chefs drückte mir tausend Franken in die Hand. „Sie können mir den Betrag später zurückgeben."

Mein Chef übertrug mir eine zusätzliche Reise nach Popayàn. Er habe mit der Direktorin des Museums alles organisiert, ich brauche nur den Fotoapparat mitzunehmen, um die Statue einer lateralen Gesichtsspalte zu fotografieren. Marianne konnte Andreas für zwei Wochen seiner Taufpatin übergeben. Nach unsrer Rückkehr aus Cali waren wir eine richtige Familie, die uns sehr viel Freude bereitete. Als ich die tausend Franken zurückzahlen wollte, gab mir die Frau des Chefs fünfhundert Franken zurück.

Ich sah ein, dass der Markt nur wenig ausgebildete Kinderchirurgen braucht, und entschied mich, meine Ausbildung als Chirurg für die Erwachsenen fortzusetzen. Mein Chef organisierte mir eine Ausbildungsmöglichkeit auf der Viszeralchirurgie.

Assistent auf der Viszeralchirurgie

Ein Sprichwort gibt meine Erfahrung auf der Viszeralchirurgie präzise wieder. Mit meinem Wechsel kam ich vom Regen in die Traufe, oder noch präziser, vom Sonnenschein in die Traufe. Der Departements-Chef war mir gut gesinnt, das wusste ich. Mein Zeugnis von der Kinderchirurgie war sehr, sehr gut. Er musste mit einem bösartigen narzisstischen Leitenden Arzt, außerordentlicher Professor, die Viszeralchirurgie führen. Dieser war auch verantwortlich für die Weiterbildung der Assistenten.

Der zweite Leitende Arzt, ebenfalls außerordentlicher Professor, war mir gut gesinnt und förderte mich. Untereinander waren die beiden Ärzte alles andere als Freunde. Er verstand meine Abneigung gegenüber dem bösartigen, giftigen Narzissten sehr gut. Heute ist wissenschaftlich erwiesen, dass in den Top-Ten-Berufen bezüglich des Anteils an narzisstischen Charakteren der Chirurg im Median liegt, respektive an fünfter Stelle. Er versuchte mich von der Chirurgie auszuschließen. Alle anderen Assistenten waren viel jünger als ich, und die hatte er mit seinem Charakter zu Untertanen erzogen. Sie imitierten ihn in seiner Sprache, einem Grunzen, wenn etwas nicht nach seinem Willen geschah, sondern so, wie, wie der Chef es anordnete. Und seine Untertanen fanden sein Verhalten lustig. Als junger Assistent, mit wenig Lebenserfahrung, neigt man aus Angst dazu, nicht zu genügen in der Rolle des Untertanen. Ich widersprach ihm, und das konnte er nicht verdauen.

Zwei Beispiele zeigen, wie er mich kleinkriegen wollte.

Am späten Nachmittag wurde ein Mann über den Notfall wegen Verdacht auf Blinddarmentzündung eingewiesen. Wir beide hatten Nachtdienst, und er war für mich verantwortlich. Da die Notfall-Operationssäle alle besetzt waren, konnte ich den Mann erst kurz vor Mitternacht operieren. Er ordnete am Abend, bevor er sich nach Hause abmeldete, an, ich solle mit der Operation beginnen, aber ohne weitere Angaben. Es handelte sich um eine einfache Blinddarmentzündung. Mit Blinddarmentzündungen hatte ich schon sehr gute Erfahrungen von der

Kinderchirurgie her. Es handelte sich um eine einfache Entzündung ohne Durchbruch. Blinddarmresektion, Kontrolle des Darmverschlusses, Wundverschluss mit Drainage.

Beim Morgenrapport berichtete ich über den Fall. Er brüllte mich an, ich hätte ihn anrufen müssen, er wollte den Situs beurteilen, das Ausmaß der Entzündung sehen. Ich erwiderte, dass ich genügend Erfahrung hatte, dies zu beurteilen. Die Schelte nahm ihren Lauf. „Wenn ich Sie um Mitternacht angerufen hätte, wäre der Patient fast eine Stunde länger in Narkose gelegen, da sie ja rund zwanzig Kilometer weit auf dem Längenberg wohnen." Die Schelte nahm fast kein Ende.

Ich dachte: „Du bist ein Arschloch."

Ein bis zwei Mal pro Monat besprachen wir als Weiterbildung problematische Fälle. Während der Diskussion erwähnte ich, dass Viszeralchirugie Professor in seinem Buch eine andere Ansicht zu diesem Fall beschrieben habe. Nun war der Teufel wieder los. „Dieser Name wird hier nicht erwähnt, merken Sie sich das", und er wiederholte seine Aussage zweimal. Ich fragte: „Wieso?" Er wiederholte das Verbot nochmals.

Einige Tage später hatte er sich versprochen und erzählte von einer Frakturoperation, die er als Oberarzt in Chur durchgeführt hatte. Das weckte meine Neugier. Ich kannte jemanden, der in Chur im Spital gearbeitet hatte. Er teilte mir mit, dass er, als Allgöwer als Professor ans Universitätsspital Basel gewählt wurde, ihn nicht mitgenommen hatte. Es war damals üblich, dass ein Professor erfahrene Mitarbeiter mitnehmen durfte. Allgöwer verzichtete darauf, ihn mitzunehmen. Hier lag der Grundstein seines Benehmens.

Nach sechs Monaten konnte ich auf mein Verlangen hin die Ausbildung auf der Plastischen- und Handchirurgie fortsetzen, das waren die chirurgischen Gebiete, außer Orthopädie, die mir noch gefehlt haben.

Aber ein Fall, den ich auf der Intensivpflege miterlebt hatte, blieb mir in Erinnerung. Ein junger Landwirt verunfallte beim Holzfällen im Wald an einer steilen Stelle. Der fallende Baum traf ihn an der Bauchregion. Wegen zunehmender Bauchschmerzen wurde er vom Hausarzt ins Spital eingewiesen zur Abklärung. An der Bauchwand waren nur geringe Weichteilverletzungen sichtbar, und die Röntgenaufnahme zeigte keine Frakturen. Die Bauchschmerzen nahmen von Tag zu Tag an Intensität zu. Nach drei Tagen wurde er zu uns eingewiesen auf die Intensivstation. Eine Laparotomie wurde durchgeführt. Eine Entzündung im Bauchraum wurde festgestellt ohne Bakteriennachweis. Achtundzwanzig Tage nach dem Unfall verstarb er. Was war passiert? Der Baumstamm des fallenden Baumes traf den jungen Mann in der Bauchregion mit hohem Druck, verletzte den Dünndarm an der Bauchseite der Wirbelsäule und machte den Weg frei für die Verdauungsenzyme, in den Bauchraum zu gelangen. Außerhalb des Darmes setzten sie ihre Aufgabe der Verdauung fort. Mit diesem Wissen konnte ich später einem jungen Mann das Leben retten.

Assistent auf der Plastischen und Handchirurgie

Jeden Donnerstag nach der Chefvisite konnten wir im Labor Mikrochirurgie an Ratten üben. Ich war jeden Donnerstag im Labor. Die Ratten werden anästhesiert und auf einem kleinen Operationstisch rücklings fixiert. Ich begann die Operation im Halsbereich links. Zugang am Hals, präparierte ich die Hauptarterie frei, setzte die Arterienklemme an, durchtrennte die Arterie. Mit mikroskopischer Vergrößerung nähte ich die durchtrennte Arterie zusammen. Wundverschluss. Das gleiche Vorgehen machte ich an der rechten und linken Leiste. Hier durchtrennte ich mit dem gleichen Vorgehen wie am Hals die Leistenarterien, aber danach auch die Leistennerven in die Beine. Beide wurden mit der mikroskopischen Vergrößerung versorgt. Wundverschluss. Identisches Vorgehen auf der Gegenseite. Als Nächstes wagte ich mich an die noch unversehrte Halsarterie rechts. Unverändertes Vorgehen wie auf der

Gegenseite, Wundverschluss. Wenn die Ratte nach all diesen Eingriffen noch lebte, hatte ich gut gearbeitet.

Nach sechs Monaten hatte ich an dreiundvierzig Ratten die mikrochirurgische Nahttechnik gelernt.

Ich hatte auch, zuerst unter Aufsicht, mikrochirurgische Nähte bei Unfällen an Nerven, Arterien und Venen durchgeführt. Nach zwei Monaten hatte ich das Vertrauen der Oberärzte gewonnen, sodass ich selbstständig übersehbare Unfälle operieren durfte. Nerven müssen unter dem Mikroskop sehr gut beurteilt werden, bei einer Vergrößerung von vierzig Mal. Die Nerven bestehen aus Faszikeln mit unterschiedlichen Durchmessern und bestimmen die Topografie der Faszikel auf beiden Seiten. Die einzelnen Faszikel werden nicht miteinander vernäht, sie finden sich auf natürliche Weise, aber nur, wenn den Faszikeln mit gleichen Durchmessern gegenüberliegen, das heißt, die Rotation beider Teile muss übereinstimmen. Zuerst ortet man auf beiden Seiten den Faszikel mit den größten Durchmessern und setzt die erste Naht durch die perineurale Schutzhülle. Anschließend werden die anderen Faszikeln kontrolliert, ob die gegenüberliegenden Faszikel den gleichen Durchmesser haben. Am Ende wird die perineurale Schutzhülle mit Einzelknopfnähten verschlossen.

Veranschaulicht: Wird ein Elektrokabel durchtrennt, befinden sich auch kleine Kabel mit unterschiedlichen Durchmessern darin, aber der Unterschied zum Nerv ist das Verschweißen der zueinanderpassenden Kabel.

Die Natur arbeitet anders und langsamer, aber präziser.

Um vier Uhr dreißig morgens erhielt ich einen Anruf aus dem Spital. „Melden Sie sich um sechs Uhr im Operationssaal." Den Grund weshalb hatte man mir nicht verraten. Fast gleichzeitig trafen drei weitere Kollegen ein. Erst jetzt erfuhren wir über unsere Aufgabe, die wir zu erledigen hatten. Zwei parallel arbeitende Teams wurden bestimmt. Teamsitzung mit den abtretenden Teams.

Sie orientierten uns über die bisherige Arbeit und die Herausforderungen, mit denen sie konfrontiert wurden. Wir erhielten

Anleitungen über die bevorstehende Arbeit, die uns zugetraut wurde. Auch sie hatten eine Besprechung über das Vorgehen des parallel arbeitenden Teams, Anästhesie und zudienendes Personal sowie Röntgen-Equipe.

Ein siebzehnjähriger Jüngling wurde bei einem Felsabbruch in den Walliser Alpen verletzt, beide Hände wurden abgetrennt, etwa drei bis vier Zentimeter oberhalb der Handgelenke. Beide Hände wurden fast messerscharf abgeschnitten, aber mit großem Weichteilschaden. Die Primärversorgung wurde in einem Spital im Wallis durchgeführt. Korrekt wurden die Hände in je einem gekühlten Gefäß und dem Verunfallten per Helikopter nach Bern transportiert.

Der Helikopter landete beim Universitätsspital, als wir schon nach Hause gegangen waren. Der Departements-Verantwortliche ordnete die Bildung von zwei Teams an. Die Hauptoperateure waren sehr erfahrene Leitende Ärzte mit mikrochirurgischer Erfahrung und zwei ebenfalls erfahrene Assistenten, die noch im Haus zu finden waren. Vor dem Beginn der Operation wurden die Wunden beim Röntgen genau untersucht und die Knochenverletzungen und Weichteilschäden beurteilt. Beurteilung der Nerven, aber vor allem Arterien und Venen konnten erst während des Eingriffs genau beurteilt werden. Die für die frühe Durchblutung der Hände äußerst wichtig waren. Die beiden parallel arbeitenden Teams besprachen das Vorgehen bis ins Detail mit allen Beteiligten. Weiter abgeklärt wurde die Operationsfähigkeit, da die Narkose gegen zwanzig Stunden dauern konnte. Zwei Operationsmikroskope waren im Einsatz. Operationsbeginn einundzwanzig Uhr abends.

Die präoperative Beurteilung der Knochenbrüche erforderte spongiösen Knochen, um die erwarteten Lücken bei der Stabilisierung der Brüche durch Platten und Schrauben zu füllen. Der spongiöse Knochen wurden beidseitig aus dem Beckenkamm operativ herausgenommen. Der nächste Schritt war die Beurteilung der Arterien, Venen, Nerven und Sehnen sowie Weichteile. Die zerquetschten, nicht durchbluteten Weichteile wurden entfernt, um bessere Sicht in die Verletzungen zu bekommen, bevor die Knochenstabilisation begonnen wurde. Jetzt war man so weit, dass die Blutversorgung der Hände vorgenommen werden konnte. Als Erstes wurde der Blutrückfluss gesichert, indem die vorhandenen Venen mit der mikrochirurgischen Technik zusammengenäht wurden. Die nächsten Schritte waren die Anschlüsse der Arterien durch die gleiche Technik herzustellen. Kontrolle des Blutkreislaufes in den Händen. Dieser Schritt ist sehr zeitaufwendig, aber äußerst wichtig, denn die Hände können nur über einen funktionstüchtigen Kreislauf heilen und überleben. Fließt in einer Arterie kein Blut, muss die Ursache gesucht werden. Häufigste Ursache ist ein koaguliertes Blutgerinnsel. Die Koagelbildung ist ein natürlicher Vorgang, um den Blutverlust zu reduzieren, der unmittelbar nach dem Unfall entsteht. Schon vor Operationsbeginn wird vorgesorgt mit Medikamenten, die die Thrombozyten beeinflussen. Die beiden Hauptnerven in die Hand wurden auch vom ersten Team versorgt. Bei der Übernahme dauerte die Narkose fast neun Stunden.

Unsere Arbeit begann nach der Suche von kleinen sensiblen Nervenläsionen.

Wir fanden zwei wichtige sensible Nerven an der Oberseite, der eine führte zum Daumen, der andere zu den Fingern drei bis fünf. Mit der üblichen mikroskopischen Technik wurden sie zusammengenäht.

Als nächsten Schritt bearbeiteten wir die Beugesehnen. Die zugehörigen Sehnen wurden bestimmt und mit Z-förmiger Verlängerung auf die anatomische Länge gebracht, dann mit nicht resorbierbarem Faden zusammengenäht.

Die Arbeit an den Strecksehnen war identisch mit der an den Beugesehnen. Anpassen an die anatomische Länge und vernähen. Die Funktionskontrolle der Sehnen zeigte eine gute Stabilität der Nähte und der Bewegungsamplituden.

Die Wunddeckung war wirklich eine Herausforderung; weil nicht genügend unversehrte Weichteile vorhanden waren, mussten wir mit Rotationslappen arbeiten, um die Wunden auf beiden Seiten zu verschließen. Nur zwei oder drei kleine Stellen blieben offen, die ohne Hauttransplantation nach Wochen verheilten. Die Operation endete um dreizehn Uhr. Totale Operationszeit: sechzehn Stunden. Wir waren alle ausgelaugt, und jeder ruhte sich im Büro aus. Ein so spezieller Unfall war auch für erfahrene Chirurgen eine riesige Herausforderung, da es sich nicht um einen Routine-Eingriff handelte. Der Arbeitsablauf ist durch die Anatomie und Durchblutung der Hand gegeben, die möglichst schnell wiederhergestellt werden muss. Über die Ausführung sind Gedankenaustausche im Team notwendig. Sie helfen, eventuelle Fehler zu vermeiden.

Europaweit, ja sogar weltweit war es die erste erfolgreiche bilaterale Hände-Replantation. Am nächsten Tag berichteten die Zeitungen, Radio und Fernsehen über die außergewöhnliche Leistung der Operationsteams.

Die Rehabilitation dauerte mehrere Monate. Ich habe den Fall so weit wie möglich verfolgt. Der junge Mann konnte sogar einen handwerklichen Beruf erlernen.

Noch heute bin ich stolz, ein Mitglied des Teams gewesen zu sein, auch wenn ich nicht als erfahrener Hauptoperateur fungierte, aber Erfahrung in die Zukunft mitnehmen konnte, die ich später noch brauchen konnte.

Weiterbildung auf der Orthopädie

Die Orthopädie wurde von einem weltberühmten Professor geleitet.

Fast jedermann nannte ihn Orthopädieprofessor., Pionier der Osteosynthese und Hüftprothesen. Er operierte parallel auch in einem Privatspital. Heute ist das nicht mehr erlaubt. Jeden Montag operierte er im Universitätsspital die sehr komplizierten Fälle. Ich habe sehr gerne mit ihm operiert als Assistent, von ihm habe ich viele Tricks gelernt, zum Beispiel wie man in sechsunddreißig Stufen, er nannte sie Handgriffe, eine Hüftprothese implantiert. Den Hautschnitt mit dem Skalpell vollzog er immer mit der Hand in Supination, damit der Schnitt gerade ausfällt.

Zu Hause habe ich ein Blatt Papier an die Wand geklebt und mit einem Bleistift horizontale **Linien** gezogen in der Pronations- und Supinationsstellung der Hand, und festgestellt, dass die in Supination geradliniger ausgefallen sind als in Pronationsstellung. Der Grund dafür hat mit der Nervenversorgung der Muskeln und deren Spannung zu tun. Die Operation dauerte nicht länger als eine Stunde. Wie die Knochenheilung funktioniert, darüber diskutierten wir oft, auch über die Grundlagen der Osteosynthese. Ich erwähnte, dass uns Professor Schenk die Funktion des Piezoelektrischen Phänomens erklärt hatte, welches die Knochenheilung und den Knochenumbau steuert und kontrolliert. MEM antwortete: Ich sei der Einzige, der weiß, was das Piezoelektrische Phänomen ist und wie es funktioniert. Wenn ich heute einen Kollegen über das Piezoelektrische Phänomen befrage, ist die Antwort: „Was ist das, habe noch nie etwas darüber gehört, interessiert mich auch nicht, die Knochen heilen und formen sich von selbst." Von Quantenphysik habe er noch nie etwas gehört. Die Oberärzte waren unter MEM sehr gut ausgebildet und hatten lange Erfahrung. Die meisten von ihnen standen vor dem Abgang in eine Chefarztstelle in einem Spital. Der Altersunterschied zu den Oberärzten war gering, wahrscheinlich Grund für den respektvollen Umgang mit mir.

Die Arthroskopie war zu meiner Zeit noch in den Kinderschuhen, sie diente nur der Diagnostik. Fand man einen Grund für die Beschwerden und die Einschränkung der Gelenksbeweglichkeit, musste dies offen behandelt werden. Die Technik, um operative Eingriffe in Gelenken durchzuführen, war bei Weitem noch nicht so weit fortgeschritten.

Andere Gelenke wie Schulter- oder Fußgelenke waren noch ein Tabu. Nach 1974 begann die Kniearthroskopie langsam Fahrt aufzunehmen. Blasenspiegelung war akzeptiert, aber in Gelenke zu schauen verboten.

Die Meinung damals tönte etwa so: In den Bauch darfst du spucken, in ein Gelenk darfst du nicht gucken.

Ein amerikanischer Kinderurologe, hatte bei einem verunfallten Kind mit dem Zystoskop aus dem Knie einen Fremdkörper herausgeholt. Die Fallstudie über die erste Arthroskopie, die er in der Fachzeitschrift publiziert hatte, hatte für ihn katastrophale Auswirkungen. Ihm wurde die Berufslizenz entzogen. In Europa wäre das Verdikt nicht so streng ausgefallen.

Zurück zur Arthroskopie. Die operativen Fortschritte gehen parallel mit den technischen Entwicklungen.

Ein anschauliches Beispiel: Mikroskope gab es schon lange, bevor Mikrochirurgie möglich wurde. Feine Nadeln und Fäden konnten erst mit dem Fortschritt der Technik entwickelt werden. Die größte Schwierigkeit war die Verkoppelung des Fadens mit der Nadel gleichen Durchmessers. Ich hatte die Möglichkeit, die Entwicklung in der Arthroskopie und der Mikrochirurgie von Beginn an zu erleben und zu verfolgen. Es forderte ein enorm großes Verständnis für die Entwicklung, wie sie die Osteosynthese durchgemacht hat. Das nutzte mir Jahre später für die Entwicklung der X-Platte.

Professor MEM war nicht nur ein außergewöhnlicher orthopädischer Chirurg, sondern auch ein Beobachter der Natur. Bei Chefvisiten besprachen wir die Röntgenbilder. Wenn er nichts dazu sagte, haben wir die Röntgenbilder wieder abgeräumt und präsentierten den nächsten Patienten. Plötzlich zeigte er mit dem Bambusstab auf das Röntgenbild. Er fragte: „Welcher Löl hat das gemacht?" „Ich, Herr Professor."

„Herr XY, Sie sollten doch wissen, dass es in meinem Buch auf Seite XY anders beschrieben steht. Ihr müsst die Natur anschauen, die macht es immer richtig, nur ihr Lölen macht es immer falsch."

Die Chefvisiten waren immer ein Kabarett. MEM scheute sich nicht, die Wahrheit auch Oberärzten gegenüber vor allen zu sagen. Wenn alle die Beispiele niedergeschrieben würden, könnte ein ausgebuchter Theatersaal einen Abend lang unterhalten werden.

Einer unserer Oberärzte wurde nach Neuenburg als Chefорthopäde gewählt. Er fragte mich, ob ich Interesse hätte, mit ihm zu kommen. „Ich kann erst in einem Jahr nach Neuenburg kommen und muss es zuerst mit der Familie besprechen." Ich war im Ausbildungsprogramm, und das endete in 12 Monaten. Mit meiner Frau hatte ich abgemacht, dass ich in Bern und Umgebung eine Stelle suche, bevor ich selbstständig werde. Nach der Ausbildung, am Universitätsspital, fand ich keine Oberarztstelle in der weiteren Umgebung, trotz sehr guter Zeugnisse von den Professoren Bettex und MEM. Erst viele Jahre später erfuhr ich, weshalb. Der Narzisst von der Viszeralchirurgie hatte vorgesorgt, dass ich in der Umgebung keine auf mich zugeschnittene Stelle fand. Ich war auf der Liste der nicht anstellbaren Chirurgen.

Es blieb mir nichts anderes übrig, als die Stelle in Neuenburg anzunehmen.

Mit meiner Frau besprachen wir das Thema am Abend immer wieder. Ich wusste, dass sie nicht nach Neuenburg wechseln wollte.

Als Kind hatte sie ein Trauma erlebt, als ihr Vater sie in den Sommerferien, im Alter von vierzehn Jahren, in die Französisch sprechende Schweiz schickte. Wir standen in einer Situation, wie eingeklemmt zwischen Hammer und Amboss. Ich verstand Marianne sehr gut, dass sie mit den Kindern nicht den Wohnsitz wechseln wollte. Wir fanden eine gangbare Lösung: Ich würde täglich mit dem Zug von Bern nach Neuenburg pendeln.

Oberarzt Orthopädie in Neuenburg

Ich kannte die Stadt Neuenburg seit der Lehre als Bäcker-Konditor. Die Stadt war meine erste Heimat, hier hatte ich den Grundstein gelegt für das Erwachsenwerden und eigenständige Denken. Auf der morgendlichen Hinfahrt konnte ich mich auf die Operationen geistig vorbereiten, und das erleichterte mir den Tag. Auch hier wurde ich als Deutschschweizer mit guten Französischkenntnissen respektvoll aufgenommen. Mein Chef war zwar ein Narzisst, das wusste ich schon aus der Assistentenzeit auf der Orthopädie unter der Führung von MEM. Ich wusste aber auch, dass er mich brauchte, als Vermittler zum Personal. Hier begegnete ich wieder dem Kinder-Gastroenterologen, mit dem ich im Kinderspital Bern zusammengearbeitet hatte. In Neuenburg gab es zu dieser Zeit noch keinen Kinderchirurgen. Wenn er Auskunft brauchte, wendete er sich immer an mich. Ich hatte auch einige Eingriffe an Kindern in Neuenburg durchgeführt, solange noch kein Kinderchirurg tätig war.

Ich hatte nur einmal einen kurzen Wortwechsel mit dem narzisstischen Chef, als ich einen Nachmittag frei verlangte, damit ich meiner Frau Beistand leisten konnte, wenn sie aus der Narkose erwachte. Familiär hatte sie Wirbelsäulenprobleme und musste wegen eines Diskushernien-Vorfalls operiert werden. Er teilte mich am Morgen in einen länger dauernden Eingriff ein, sodass ich den Zug verpassen musste. Meine Frau warf mir später vor, mich gegen den Chef nicht durchgesetzt zu haben.

Ich glaubte, die französische Sprache recht gut zu beherrschen. Ich diktierte die Operationsberichte, und als die von der Sekretärin geschriebenen Berichte zur Unterschrift an mich weitergeleitet wurden, dachte ich: „Donnerwetter, du kannst ja sehr gut Französisch." Die Sekretärin hatte die Gabe, meine holprig diktierten Berichte in korrektes Französisch umzuwandeln.

Das technische Personal im Operationstrakt war sehr gut ausgebildet. Neben Schweizern wurden auch Französinnen und Belgierinnen beschäftigt.

Die Chefin war eine Schweizerin, deren Familienstammbaum aus dem Elsass stammte. Ihr Großvater war gelernter Metzger, der nach Neuenburg auswanderte, die Matura nachholte und ein Jurastudium absolvierte, um später Staatsanwalt des Kantons Neuenburg zu werden.

Der Vater von Catherine war Zeichnungslehrer im Gymnasium La-Chaux-de-Fonds und Kunstmaler. Sein Stil ging in Richtung Pablo Picasso. Ich habe einige Bilder gekauft und zwei als Geschenk erhalten.

Meine Beziehung zu Catherine war rein beruflich. Ich hatte noch nie mit einer Operationstechnikerin zusammen operiert wie mit Catherine. Sie hatte die Gabe mitzudenken. Sie wusste zum Voraus, welches Instrument ich brauchte, und ich musste es auch nicht verlangen. Eine derartige Konzentration auf die Operation, als würde sie den Eingriff eigenständig durchführen, hatte ich nie erlebt, auch später nicht. Ich wurde mit Marianne mehrmals von ihrer Familie zum Essen eingeladen. Ihr Wohnsitz lag auf halber Höhe am Jurasüdfuß mit wunderbarer Sicht auf den See, das Mittelland und die Alpen.

Familie von Catherine war auch befreundet mit Friedrich Dürrenmatt, dem Kunstmaler und Dichter. Er lebte in einer schönen Umgebung in Neuenburg. Ich bin Dürrenmatt nur einmal begegnet. Catherine besuchte mich in Rohrbach. Sie organisierte für ihren Vater eine Ausstellung im schweizerischen Paraplegiker-Zentrum in Nottwil.

Ihr Wunsch war, noch einmal mit mir am Operationstisch zu sein. Diesen Wunsch habe ich ihr am nächsten Tag erfüllt. Nach so vielen Jahren musste ich auch diesmal nicht nach dem richtigen Instrument fragen. Ich weiß, dass sie drei Jahre am Genfersee am Herztransplantations-Zentrum gearbeitet hatte und später noch am Bodensee dieselbe Arbeit machte. Ich habe Catherine in Paris besucht, während eines Fußchirurgenkongresses. Ich präsentierte die X-Platte und leitete einen Workshop. Seither habe ich nichts mehr von ihr erfahren.

Ich hatte ein sehr gutes Verhältnis zum Chef der Viszeralchirurgie in Neuenburg, der mir auch eine Oberarztstelle angeboten hatte.

Ich vereinbarte, dass ich vor dem Antreten meiner Chefarztstelle sechs Monate bei ihm Erfahrungen auf der Allgemeinchirurgie sammeln konnte.

Die Chefarztstelle

Der Kanton Bern baute neue Spitäler in den Regionen, aus den alten wurden Alterspflegeheime.

Ein Schulkamerad von Marianne war Direktor von einem dieser Spitäler.

Ich kannte ihn vom Universitätsspital, er leitete dort den Einkauf für die Operationstechnologie. Das Spital sei aber erst in zwei Jahren einzugsbereit.

Der künftige Chefarzt musste Erfahrung mitbringen für Orthopädie und Traumatologie, aber auch in Allgemeinchirurgie. Das war auf mein Profil ausgerichtet. Er würde drei bis fünf Anwärter suchen für eine Auslese. Ich habe mich gemeldet und wurde von fünf Chirurgen für die Stelle ausgesucht und auch gewählt.

Ich habe die vorgeschriebenen Jahre und den Operationskatalog bei Weitem erfüllt. Ich reichte alle Dokumente für den FMH-Titel ein. Zwei Wochen später erhielt ich den Bericht der FMH, dass sie mir den FMH-Titel nicht verleihen könnten. Das Reglement verlange eine Assistenzzeit von mindestens einem Jahr in einem B-Spital. Meine bisherige Ausbildung hatte ich sämtlich in A-Spitälern gemacht, deshalb könnten sie mir den FMH-Titel nicht erteilen. Ich machte einen Rekurs, dieser wurde aber abgelehnt.

„Steckt der giftige Narzisst von der Viszeralchirurgie dahinter?", fragte ich mich. Er war jedenfalls Mitglied der FMH-Kommission für die Weiterbildung.

Erster bis dritter Stolperstein

1. Der giftige Narzisst versuchte mich schon als Assistent auszubremsen.
2. Mit der Namensliste an die Berner Spitäler und Umgebung verhinderte er mir das B-Jahr und Oberarztstellen.
3. Verweigerung des FMH-Titels. Nur mit dem FMH-Titel konnte ich selbstständig werden.

Beweisen kann ich sein Vorgehen aus Position 2 und 3 gegen mich nicht.

Aber das Ausbremsen als Assistent habe ich miterlebt und später vom Professor für Viszeralchirurgie bestätigt bekommen.

Die Positionen 2 und 3 waren aus seiner damaligen Position mit sehr hoher Wahrscheinlichkeit auch sein Werk.

WIE UMGEHE ICH DIESE SCHRANKE, WO FINDE ICH EIN B-SPITAL?

Oberarztstelle in Visp, Kanton Wallis

Aus dem Wallis konnte ich nicht hin und her pendeln.

Jetzt bin ich an einem Scheidepunkt angekommen, mit dem wir nicht gerechnet hatten. Eine Chefarztstelle hatte ich auf sicher.

Marianne und ich diskutierten abends, wie es weitergehen sollte. Sollte ich als Hausarzt weiterfahren? Dafür bin ich nicht ausgebildet, auf der chirurgischen Seite brauche ich den FMH-Titel. Es flossen einige Tränen bei Marianne, aber auch bei mir. Wir hatten zwei Jahre Zeit, eine Lösung zu finden.

Andreas ist jetzt sechs Jahre alt und schon recht selbstständig und auf die Mutter ausgerichtet. Viviane viereinhalb Jahre alt und auf den Vater ausgerichtet.

Wir entschieden uns für die angebotene Oberarztstelle in Visp.

Das Wallis kannte die B-Jahre nicht, aber die FMH führte Visp auf der B-Liste.

Wir planten, dass ich in Visp zwei Winter und einen Sommer verbleiben werde, und dann noch sechs Monate auf der Allgemein- und Viszeralchirurgie in Neuenburg verbringe, bevor ich die Chefarztstelle antrete.

Im Spätherbst begann ich in Visp. Ich hatte eine möblierte Zweizimmerwohnung mieten können zu einem reduzierten Zins. Der Wohnblock, in dem die Wohnung war, gehörte meinem neuen Chef. Wenn ich Wochenenddienste hatte, kam Marianne mit den Kindern Samstag und Sonntag zu mir ins Wallis. Die Kinder erzählen mir noch heute, wie sie sich an die Wohnung erinnern. Sie haben Kissenschlachten vollzogen und die Sessel entsprechend verschoben. Beeindruckt waren sie vom langen Tunell durch den Lötschberg. Die lange Zeit überstanden wir als Familie ohne bleibende Nachteile. Wenn ich mich am

Sonntagabend für den letzten Zug ins Wallis von der Familie verabschiedete, verschwand Viviane in ihr Zimmer. Sie hasste Verabschiedungen.

Der letzte Zug ins Wallis verließ den Hauptbahnhof Bern einige Minuten vor dreiundzwanzig Uhr. Ich stieg eine Stunde später ... an der Südrampe, aus. Von Brig nach Visp hatte ich keinen Anschluss. Mit dem Koffer in der Hand marschierte ich in einer Dreiviertelstunde nach Visp.

Die Arbeitstage im Winter waren oft zehn bis zwölf Stunden lang. Das Einzugsgebiet vom Spital bestand aus den Skigebieten Zermatt, Saas Fee, Lötschental und vielen kleinen Skiorten. Ab sechzehn Uhr landete der Rettungshelikopter alle fünf Minuten vor dem Spital mit einem verletzten Skifahrer. An schönen Tagen brachte der Rettungshelikopter bis zu sechs verunfallte Skisportler. An Wochenenden waren es täglich doppelt so viele. Nicht jeder Verunfallte musste sofort operiert werden. Aber die dringenden am gleichen Abend bis weit in die Nacht. Es gab Tage, da operierten wir bis zwei Uhr nachts in zwei Operationssälen. In der Hochsaison war das die Regel. Ich mag mich erinnern an einen Eingriff bei einer Oberschenkel-Trümmerfraktur, bei dem mir ein kleines Knochenstück auf den Boden gefallen war. Das Knochenstück wurde fünfzehn Minuten in Desinfektionsmittel eingelegt und erst danach in den Bruch eingebaut. Beim Morgenrapport meldete ich das Missgeschick. Ich wollte, dass der Klinikchef es von mir persönlich erfuhr. Die Verunfallten, die wir nicht am gleichen Tag behandeln konnten, haben wir am nächsten Tag ins normale Programm integriert. Also eine Art Triage. Kniespiegelungen konnte ich auch hier durchführen. Eine junge Frau hatte sich beim Langlaufen das vordere Kreuzband gerissen. Die Arthroskopie bestätigte den Kreuzbandriss. Der Riss war atypisch, nicht wie ich es gewohnt war, am oberen hinteren Ansatz aus- oder abgerissen. Das Kreuzband war in der Mitte des Bandes zerfasert gerissen. Es musste durch eine konstante große Krafteinwirkung zerrissen sein. Bisher hat man die Kreuzbänder in diesem Spital nicht operiert. Ich habe aber darauf bestanden, mit guten Argumenten, das Kreuzband offen zusammenzunähen.

Dazu brauche ich keine speziellen Instrumente. An einen ähnlichen Fall erinnere ich mich, bei dem ich auf der Orthopädie im Universitätsspital assistiert habe. Ich musste meinen Chef überzeugen, dass ich den atypischen Kreuzbandriss mit den vorhandenen Instrumenten versorgen könne. Ich hatte die junge Frau am Vorabend des Eingriffs aufgeklärt und ihr die Operation detailliert aufgezeigt, mit Zeichnungen der beiden Kreuzbänder; das vordere Kreuzband liegt im Knie und das hintere steht, so konnte sie sich ein Bild des Bandrisses machen. Das war die erste, offene Kreuzbandnaht, die in diesem Spital durchgeführt wurde. Arthroskopisch konnte man Kreuzbandeingriffe noch nicht durchführen, weil die dazu nötigen Instrumente noch nicht entwickelt waren. Ich glaubte bisher, dass beim Langlaufsport Kreuzbandrisse unmöglich seien. Ich war wieder um eine Erfahrung reicher geworden.

Die Pistenfahrer mit Kreuzbandrissen haben einen Abriss oben hinten im Knie respektive am Oberschenkel mit oder ohne kleinen Knochenanteil. Diese Kreuzbandrisse waren nur mit einer erweiterten Operation wiederherzustellen. Der Grund für die Läsion sind enorme, kurzzeitige Krafteinwirkungen, die das Kreuzband an der schwächsten Stelle abreißen.

Eines Abends wurde ich von der Oberin ins Kloster gerufen.

Unsere Abteilungsschwester habe erhöhte Temperatur, sie bat mich, die Schwester zu untersuchen. Ich war sehr erstaunt über den Anruf. Ich, als geborener Protestant, wurde beauftragt, eine Nonne zu untersuchen. Es gab doch einige katholische Ärzte im Spital, aber die Nonne bestand darauf, dass ich sie untersuche. Die Oberin führte mich zum Zimmer der Nonne. Ich trat ein und untersuchte sie. Diagnose: beginnende Lungenentzündung.

Ich ordnete eine Blutentnahme an, zur Bestimmung der Entzündungsparameter, und eine Blutkultur. Die Oberin hat alles organisiert.

Die Abteilungsleiterin war die Schwester des Augenarztes, dem ich manchmal assistierte bei Augenlinsenersatz unter dem Mikroskop. Der Eingriff dauerte fast zwei Stunden, heute nur noch wenige Minuten und in Lokalanästhesie. Das Doppelmikroskop erlaubte mir, den Eingriff zu verfolgen.

Der Oberarzt der Gynäkologie beklagte sich bei mir über einen schnellenden Finger, der ihn beim Operieren und bei der Geburtshilfe störte. Am nächsten Tag wollte ich den schnellenden Finger in Lokalanästhesie operieren. Am Abend wurden wir zu einem Geburtstagsfest eingeladen, das in der Kantine des Spitals stattfand. Einige der geladenen Gäste hatten schon einen erhöhten Alkoholspiegel. Eine jugoslawische Anästhesieschwester demonstrierte dem Gynäkologen, wie in ihrer Heimat die schellenden Finger behandelt werden. Sie holte ein Laryngoskop, legte den Finger auf den Tisch und schlug mit dem Laryngoskop auf den Finger. Ein lauter Schrei und ein Gelächter unterhielten die Gäste, aber nicht für lange. Der Finger schwoll stark an. Das unmittelbar verordnete Röntgenbild zeigte keine Fraktur. Der Finger war gerade, aber unbeweglich. Der Eingriff musste um zwei Wochen verschoben werden.

Die Mehrzahl der verunfallten Skifahrer stammte aus den europäischen Ländern, aber einige kamen aus den USA. Sobald sie mit Stöcken gehen konnten, organisierten sie die Heimreise. Über den Heilungsverlauf habe ich nie Auskunft erhalten, das störte mich. Ich bekam nur Anfragen vom Heimatspital, wenn der Patient in Narkose auf dem Operationstisch lag und das Spital nicht das entsprechende Material besaß, um die Schrauben zu entfernen. Der Grund dafür war, dass nicht jedes europäische Land damals mit den neusten Instrumentarien ausgerüstet waren. Schrauben und Platten wurden ständig den neusten Erkenntnissen angepasst. Die Osteosynthesen-Platten und -Schrauben, wie auch das Instrumentarium, stammten aus der Schweiz. Wir haben auf diese Fälle reagiert. Im Operationsbericht wurden die Angaben mit Herstellungsnummer der Platten und Schrauben angegeben.

Mein erster Winter in Visp ging zu Ende, und die Sommersaison begann.

Die Witwe von Carl Zuckmayer kam jeden Frühling für zwei Wochen zur Erholung auf die chirurgische Abteilung, weil ihr Ehemann auf dieser Abteilung 1977 gestorben war. Für sie war es ein Ritual, Abschiednehmen von ihrem Ehemann. Sie erzählte mir über die Flucht vor den Nazis in die USA, dann nach dem Krieg in die Schweiz. Sie kauften ein Haus in Saas-Fee. Im Gespräch kamen wir auch auf Dürrenmatt zu sprechen, den ich in Neuenburg kennengelernt hatte. Sie schilderte mir die nächtelangen Streitgespräche, die ihr Mann mit Dürrenmatt geführt hatte, wenn er zu Besuch nach Saas-Fee gekommen war. Beide Autoren waren Zeitgeistkritiker. Die Streitgespräche endeten oft um fünf Uhr morgens.

Die Unfälle im Sommer konnten mit denjenigen im Winter nicht verglichen werden. Die Unfälle in der Wander- und Bergsteigersaison sind anderer Natur, oft mit lebensgefährlichen Verletzungen, die wir nach der Erstversorgung mit dem Helikopter ins Universitätsspital Bern oder Lausanne verlegen mussten.

Abstürze von Felswänden verursachen nicht nur Knochenbrüche, sondern auch innere Verletzungen an Hirn, Leber, Nieren und Lunge. Menschen mit solchen Verletzungen werden vom Unfallort mit dem Helikopter ins Universitätsspital gebracht. Der Rettungsarzt entscheidet an der Unfallstelle, wohin der Verunfallte geflogen wird. Patienten ohne Polytraumen konnten wir bei uns problemlos versorgen.

Ein Verletzter von einem Elektrizitätswerk wurde eingewiesen, mit ungewöhnlichen Verletzungen an der rechten Hals- und Schulterseite. Ich war zur Zeit der Einweisung am Operationstisch beschäftigt und konnte den verunfallten Mann nicht persönlich beurteilen. In der Notfallaufnahme konnten die tatsächlichen Verletzungen nicht genau beschrieben werden. Der Patient wurde für die Operation vorbereitet. Der Chef ordnete an, dass dieser Patient von mir operiert werden musste. Die Verletzung war durch einen abstürzenden Hochspannungsisolator aus Porzellan von einer Hochspannungsleitung zugefügt worden. Eine genaue Anamnese konnte nicht aufgenommen werden, weil der Verwundete die deutsche und die französische Sprache nicht beherrschte. Deswegen konnte eine genaue Untersuchung des rechten Armes nicht vollzogen werden. Als ich den Patienten das erste Mal sah, war er schon in Narkose auf dem Operationstisch. Neben der Klavikulafraktur war ein messerscharf abgetrennter, großer herunterhängender Weichteillappen, in der großen Wunde waren Hunderte kleiner Porzellanteichen sichtbar. Der Porzellanisolator muss aus großer Höhe auf die Hals-Schulter-Region gefallen sein, bei leicht nach links gebeugtem Kopf.

Die Operation begann um zehn Uhr morgens. Drei Stunden hatte ich, bis ich einen Überblick über die Verletzungen und das Ausräumen der Porzellanteilchen bekam. Einige kleine und mittelgroße Muskeln waren gequetscht oder durchtrennt. Der Plexus brachialis wurde sichtbar und zeigte durchtrennte Nerven.

Ich ordnete eine kurze Pause an, damit wir uns auf den zweiten Teil des Eingriffs vorbereiten konnten. Ich schickte eine Operationsschwester in die Bibliothek mit der Aufgabe, ein Anatomiebuch über die Nervenversorgungen zu holen. Ich wollte mich genau auf den Plexus brachialis vorbereiten, den ich bisher vor Jahren nur in der Anatomie am Präparat gesehen hatte.

Wir begannen die Identifikation der drei Plexus-Faszikel und die dazugehörigen Nerven in der Hand. Die Hauptarterie war intakt. Unter dem Mikroskop identifizierten wir genau, welche drei Faszikel mit den Nerven, die den weiteren Verlauf in die Hand nahmen, zusammenpassten, bevor wir die Nähte setzten. Das war die größte Herausforderung, ich war aber überzeugt, dass wir die richtigen Nerven erkannten und mit der mikrochirurgischen Technik zusammenverbunden hatten. Den Verlauf konnte ich nur etwa zwei Monate verfolgen, dann kehrte der Verunfallte in sein Heimatland zurück. Die Nerven brauchen in diesem Fall ein Jahr oder mehr, bis die Sensibilität der Finger zurückkommt.

Vor der dritten Phase machten wir die zweite kurze Pause. Hier wurde das Personal ausgetauscht, außer mir.

Die Orientierung über die zugehörigen Muskelteilchen war zeitaufwendig, und es war herausfordernd, die entsprechenden Muskelbäuche zusammenzubringen, weil einige teilweise zerfetzt waren. Wir konnten sie korrekt zusammennähen.

Die Osteosynthese der Clavicula war der einfachste Teil des Eingriffs.

Am Ende der Operation, von Verband und Lagerung standen die Uhrzeiger auf neun Uhr abends.

Der Sommer war vorbei, und mein zweiter Winter begann, wie der vordere auch mit Helikopterlandungen mit Verletzten aus den Skigebieten. Operationen bis tief in die Nacht.

Einen sehr seltenen Fall möchte ich trotzdem beschreiben.

Um neun Uhr morgens wurde ein junger Mann eingewiesen mit Frakturen im Handgelenk und Unterarm. An diesem Tag war ich verantwortlicher Oberarzt für den Notfall. Der Jüngling war Koch in einem Hotel. Sein Arbeitsbeginn in der Küche war zehn Uhr morgens. Der Helikopter brachte den Verletzten kurz vor neun Uhr. Mein Chef wollte ihn ins tägliche Programm aufnehmen. Der Verunfallte beklagte sich über leichte Bauchbeschwerden. Die Alarmglocke forderte mich auf, den Patienten genauer zu untersuchen und dann zu beurteilen. Ich besprach noch einmal den genauen Unfallhergang. Er sei mit hoher Geschwindigkeit den Berg heruntergefahren und konnte einer Tanne nicht mehr ausweichen. Es habe ihn um den Baumstamm gewickelt, und erst danach sei er auf die Hand und den Arm gefallen. Der Unfallhergang erinnerte mich an den jungen Landwirt aus dem Emmental, der von einem fallenden Baumstamm am Bauch getroffen wurde und vier Wochen später auf der Intensivstation im Universitätsspital starb.

Ich weigerte mich zuerst, die Frakturen zu behandeln, und musste den Chef überzeugen, dass ich zuerst eine Probelaparotomie durchführen möchte. Ich berichtete über den Fall, den ich am Universitätsspital miterlebt hatte. Nach einer kurzen Diskussion stimmte er zu.

Ich öffnete den Bauch und tastete den ganzen Dünndarm mehrmals ab. Tatsächlich fand ich einen kleinen Riss auf der Hinterseite und eine leichte Blutung. Am Dünndarm fand ich tatsächlich eine offene Läsion, entstanden durch eine starke Krafteinwirkung über der Wirbelsäule auf der Bauchseite.

Ich konnte das Loch im Dünndarm mit wenigen Stichen verschließen. Der Chef gratulierte mir für meine Hartnäckigkeit.

Eine derartige Läsion habe er noch nie erfahren. Ich konnte den jungen Koch vor großen nachträglichen Problemen retten.

Am Ende des Winters verabschiedete ich mich aus dem Wallis. Beim Abschiedsgespräch mit dem Chef sagte er, ab jetzt fliege der Helikopter wieder öfter nach Bern oder Lausanne ans Universitätsspital. Das waren die schönsten Abschiedsworte, die ich je gehört hatte. Ich verbrachte noch vier Monate in Neuenburg auf der Viszeralchirurgie, damit ich mich auch auf diesem Gebiet sicher fühlen konnte, bevor ich als Chef der Chirurgie-Orthopädie beginnen würde.

Auch in Neuenburg hatte ich sehr schwierige Verkehrsunfälle operiert.

Erinnern kann ich mich sehr gut an einen frontalen Zusammenprall zweier Autos. Das Röntgenbild zeigte einen hinteren Hüftpfannenausbruch. Einen derartigen Ausbruch hatte ich bisher noch nie erlebt, auch später nicht. Mein Chef sagte mir, er werde mir bei diesem Eingriff helfen. Ich war skeptisch, ob er einen derartigen Fall schon einmal operiert hatte. Jedenfalls, ich bereitete mich am Abend vorher sehr gut auf die Operation vor. Der Zugang von seitlich hinten ist sehr, sehr schwierig. Beim Morgenrapport flüsterte er mir zu, ich solle beginnen, er komme etwas später dazu. Nach etwa fünfundvierzig Minuten kam er vorbei, schaute mir zu. Ich erklärte ihm, wie weit fortgeschritten ich war. Seine Antwort war: „Fahren Sie weiter, Sie machen das schon richtig."

Derartige Hüftpfannen-Brüche waren eine typische Fraktur bei Frontalkollisionen.

Die Autoindustrie hatte auf diese Brüche reagiert und die Vordersitze im Kniebereich leicht angehoben. Seither wird das Hüftgelenk in dieser Position nach unten luxiert, ohne Pfannendachverletzungen.

CHEFARZT CHIRURGIE-ORTHOPÄDIE

Die Intrigen

Marianne, als ehemalige Lehrerin, entschied, dass Andreas in eine Schuleinführungsklasse aufgenommen wurde, da sie ihn noch nicht als schulreif beurteilte. Die Schulleitung akzeptierte ihren Entscheid. Die folgenden Schuljahre bestätigten den Entscheid, da Andreas ein sehr guter Schüler wurde. Die Tochter wurde normal eingeschult. Das hatte zur Folge, dass meine Familie sechs Monate später nachziehen konnte. Ich hatte jede zweite Woche durchgehend Dienst, sodass ich für diese Zeit eine Zweizimmerwohnung mietete und jede zweite Woche zur Familie pendelte. Nach etwa drei Monaten Suche fand ich ein Haus im Nachbardorf des Arbeitsplatzes, das wir mieten konnten.

Marianne gefielen das Haus und die Lage. Das Haus lag an einer Sackgasse, sodass nur Anwohner eine Zufahrt hatten. An der Straße lebten nur junge Familien mit schulpflichtigen Kindern. Sechzehn Kinder spielten auf der Straße, ein Eldorado für sie, aber auch für Marianne. Sie hatte bald nach Ankunft gute Kontakte zu den Eltern der Kinder. Tagelang wurde auf der Straße Fußball gespielt, mit Rollschuhen und Fahrrädern herumgefahren, die Älteren spielten Basketball, das Lieblingsspiel von Andreas. Viviane spielte mit der Nachbarstochter mit den Barbies. Wir hatten ein sehr gutes Verhältnis untereinander. Am Ende der Straße lebte der Hausarzt des Dorfes. Statusreibereien gab es keine.

Endlich waren wir eine normale, komplette Familie. Ich war täglich zu Hause, aß am Morgen und Abend mit der Familie. Wir waren alle sehr glücklich. Ich fühlte mich endlich zu Hause angekommen, das gab mir die Kraft, die kommenden Jahre durchzuhalten.

Wenige Wochen nach meiner Arbeitsaufnahme als Chefarzt wurde ich vom Chefarzt der Gynäkologie zum Nachtessen eingeladen.

Ich fand die Einladung als guten kollegialen Beginn. Der Chef der medizinischen Abteilung war auch eingeladen. Auffallend war, dass der vorgängige Chefarzt nicht eingeladen wurde. Beim Nachtessen ahnte ich noch nicht, was danach bei einem Glas Wein besprochen wurde. Beide Kollegen informierten mich, dass der vorherige Chefarzt Chirurgie entfernt werden müsse, er schade dem neuen Spital mehr, als er nütze. Die Chirurgie-Abteilung im alten Spital sei höchstens zur Hälfte belegt gewesen, das müsse sich unter mir ändern.

Wie sie mich einschätzten, sei ich in der Lage, die Belegung zu erhöhen.

Die Gynäkologische Abteilung war immer gut belegt. Diese Aussage konnte ich nicht kontrollieren, ich war ja erst einige Tage im Amt. Beide forderten mich auf mitzumachen. Pläne wurden mir vorgestellt, wie man vorgehen könnte. Einer der Pläne war, dass wir einen Termin bei der FMH verlangen, um die Unfähigkeit des Kollegen zu beweisen. Sie hatten statistische Unterlagen der letzten fünf Jahre, die beweisen sollten, dass er am neuen Spital nicht mehr tragbar sei, damit man Druck auf den Verwaltungsrat machen konnte. Mein Kollege hatte durch seine reiche Ehefrau guten Kontakt zum Verwaltungsrat. Ich erklärte den Kollegen, dass ich mich kollegial zu meinem Kollegen verhalte und sie nicht zur FMH begleite. Ich war sprachlos und verabschiedete mich. Ich glaubte, in einem falschen Film zu sein. Ich habe einen guten Schlaf, aber kommende Nacht war meine Schlafzeit kurz. Ich erzählte meiner Frau erst einige Wochen später von diesem Abend. Sie antwortete mir: „Das wird noch einige Turbulenzen nach sich ziehen, und halte dich aus den Intrigen heraus." Ein Jahr später wurde der medizinische Chefarzt pensioniert. Ein junger Internist, den ich während meiner Ausbildung am Universitätsspital kennengelernt hatte, wurde als Nachfolger gewählt. Ich habe die Wahl noch unterstützt. Niemand wusste, dass er Bipolare Psychische Phasen hatte.

In den ersten zwei Jahren war die Zusammenarbeit normal. Ich unterstützte ihn sogar bei dem Ausbau der Intensivstation, weil ich auch für die chirurgischen Patienten Vorteile sah. Ich verstand, dass er die Herzinfarkte zeitgemäß behandeln wollte. Wir hatten halbjährlich Budget-Besprechungen mit dem Spitaldirektor.

Jeder Chefarzt musste seine Anschaffungen oder dringenden Reparaturen vortragen. Anschaffungen musste ich bis aufs letzte Detail vorbereiten und erklären, dass ich eine vollständige Arthroskopie-Ausrüstung benötigte, um zeitgemäß arbeiten zu können zum Vorteil für das Spital. Es gab immer ein Gerangel unter den Chefärzten, jeder glaubte seine Wünsche seien wichtiger. Oft endeten die Besprechungen mit inhaltslosen Argumenten. Immer wieder hatte ich sie mit meiner eigenen Denkweise ins Leere laufen lassen. Verärgert verließen wir den Sitzungssaal.

Der Verwaltungsrat entfernte sich von meinem Kollegen im Laufe der Zeit, weil sie einsahen, dass sein chirurgisches Können eingeschränkt und nicht mehr zeitgemäß sei.

Mein Kollege der Allgemeinen Chirurgie hat das Spital verlassen. Er sah ein, dass er sich weiterbilden musste. Er bildete sich in der Ostschweiz für Handchirurgie aus. Seine bisherige Ausbildung und Erfahrungen erwarb er sich vor allem in sogenannten B-Spitälern. Später trennte sich das Ehepaar und ließ sich scheiden.

Auf mich kamen vermehrte Aufgaben zu. Ich hatte täglich Notfalldienst. Mit dem Nachbarspital konnte ich vereinbaren, Wochenenddienste zu teilen. Nach sechs Monaten erhielt ich einen Oberarzt, dafür musste ich mich beim Verwaltungsrat einsetzen. Die Zusammenarbeit mit dem Nachbarspital wurde aufgelöst.

Der junge Mediziner begann eine Pneumologie aufzubauen, auch ohne große Ausbildung und Erfahrung auf diesem Spezialfach. Die notwendige Ausrüstung schaffte er sich auf eigene Rechnung an, da Pneumologie nicht zur Grundversorgung gehörte. Großen Zulauf hatte er nicht.

Als Nächstes plante er, eine Gastroenterologie aufzubauen, auch auf diesem Gebiet hatte er keine Ausbildung und Erfahrung. Wahrscheinlich plante er, seinen langjährigen Freund als Viszeralchirurgen ins Spital zu holen, um mich später mit ihm zu ersetzen. Mit der Gastroenterologie hatte er auch keinen Erfolg. Auch die Gastroenterologie war kein Fach der Grundversorgung.

Der Mediziner und der Gynäkologe konnten mich immer noch nicht loswerden und planten einen Aufstand mit dem Verwaltungsrat, indem sie die übergeordnete Instanz ermunterten, ein Gutachten von auswärtigen Chefärzten erstellen lassen, mit der Begründung, dass ich die Grundversorgung vernachlässige durch meine Fußchirurgie.

Das Gutachten widersprach der Behauptung meiner Kollegen.

Der letzte Satz des Gutachtens, das ich erst nach Jahren lesen durfte, lautete: „Das Spital sollte stolz sein, einen Chefchirurgen zu beschäftigen, der durch sein Können auswärtige Patienten, und damit viele Privatpatienten, anlockt.“ Ich hatte sehr großen Zulauf von weit her, das stimmt, aber davon profitierte auch das Spital.

Ein langjähriger befreundeter Familienarzt wurde von den beiden Kollegen gegen mich aufgehetzt. Von ihm habe ich anfänglich sehr viele Zuweisungen erhalten. Ich stellte langsam fest, dass ich in letzter Zeit von ihm weniger Anmeldungen bekam. Drei Patienten, die nur von mir operativ behandelt werden wollten, offenbarten mir, dass ihr Hausarzt sie zu einem anderen Chirurgen anmelden wollte. Bei einer guten Gelegenheit habe ich mit dem Kollegen gesprochen und gefragt, ob er für seine Patienten einen Chirurgen gefunden habe. Er offenbarte mir, dass er von meinen Spitalkollegen aufgefordert wurde, mir weniger Patienten anzumelden.

Kurze Zeit später fiel der Zusammenhalt des Duos wegen Streitigkeiten auseinander. Ich hatte danach Ruhe, aber nicht sehr lange Zeit.

Die kantonale Gesundheitsdirektion beauftragte die Spitalverwaltungen der Regionalspitäler, Möglichkeiten für eine Zusammenarbeit auszuloten. Wir hatten mehrere Sitzungen mit unserer Verwaltung und dem Aufsichtsrat. Brauchbare Lösungen waren nicht zustande gekommen. Der Aufsichtsrat war von den beiden Intriganten beeinflusst worden, dass die Chirurgie ins Nachbarspital ausgelagert werden sollte und dafür die Medizin vom Nachbarspital in unseres einziehen sollte. Wir verhandelten mit dem Nachbarspital in mehreren Sitzungen. Dieser nicht realisierbare, ja dumme Vorschlag hatte keine Zukunft und wurde abgelehnt. Den Trick meiner Kollegen, mich auszulagern, gelang auch diesmal nicht.

Wir schlugen den Weg ein, mit dem Zentralspital zu arbeiten, ich hatte ihn immer als beste Lösung gehalten.

Das Zentralspital übernahm die Führung.

Ich bekam einen Co-Partner, auf diese Aufstockung hatte ich schon seit Jahren gehofft.

Der Chefarzt Medizin wollte sich nicht dem Zentralspital unterziehen und beging Selbstmord, den er durch seine psychische Veranlagung, vermutlich schon sehr lange, vorbereitet hatte.

Vor paar Jahren hatte er ein großes Haus bauen lassen. Seine Spitalpraxis auf den neuen Stand ausgebaut und einen fähigen, sehr gut ausgebildeten Oberarzt geholt. Er sicherte die Familie und das Haus finanziell mit guten Bedingungen ab. Er meldete sich für eine Woche abwesend, da er für die Eltern und ihr Haus das Erbe festlegen musste. Am Ende der Woche beging er Selbstmord, nachdem er alles geregelt hatte.

Der Gynäkologe gab nicht auf, mich loshaben zu wollen. Er lud meinen Co-Partner zum Nachtessen ein und wollte ihn gegen mich aufhetzen. Mein Kollege und ich teilten die Arbeit auf, er operierte alles, was mit Weichteilen zu tun hatte, und ich war für die Orthopädie zuständig. Nach diesem Nachtessen verabschiedete sich der Gynäkologe vom Spital einige Monate später in eine Privatpraxis.

Ich wurde von Anfang an immer gut informiert, mit welchen Mitteln sie mich loswerden wollten. Dank meiner starken Psyche und meinem unabhängigen Denken konnte ich die Intrigen gegen mich gut verarbeiten und die Kraft für die Familie und die Wissenschaft sparen.

SPORT ALS WICHTIGER BESTANDTEIL

Erlebnisse als Sportmediziner mit der Familie verbunden mit Kunst.

Sport war in meinem Leben ein integrierter Bestandteil meines Charakters.

In der Jugend Fußball und Kunstturnen. Die sportliche Tätigkeit habe ich gepflegt nach der Machbarkeit der verfügbaren Zeit. Ausdauerläufe machte ich mindestens drei pro Woche am Abend. Kunstturnen fand in meinem Arbeitsplan keine Lücke mehr.

Als Marianne und ich in Südengland Ferien machten, besuchten wir einen der besten Kunstturner des Königreiches, mit dem ich in Birmingham trainiert hatte, als ich dort lebte. Er war inzwischen Schiedsrichter des britischen Turnverbandes geworden. Ich machte mir auch Gedanken, diesen Weg einzuschlagen. Die Anforderungen für dieses freiwillige Amt sind sehr, sehr hoch und zeitaufwendig. Ich kam schnell zur Einsicht, dass ich den Aufgaben nicht gerecht werden konnte.

Für uns war der jährliche Sportaufenthalt über Ostern mit der Leichtathletikgruppe an der Côte d'Azur auch Kulturferien. Andreas, Marianne und ich fuhren mit dem Privatauto nach Mandelieu, Viviane mit dem Mannschaftswagen. Ich hatte die Funktion, als ausgebildeter Sportmediziner nach dem Training die Sportlerinnen und Sportler zu betreuen und zu versorgen. In der Freizeit besuchten Marianne und ich Museen, mittelalterliche Kirchen und Gärten. Mit Marianne als schlossähnlicher Gartenliebhaberin waren wir auch danach auf der Suche. Die sehenswerte Villa mit Garten der Neorenaissance wurde anfangs des 20. Jahrhunderts auf dem Cap Ferrat für Beatrice de Rothschild erbaut. Die Villa und der Garten wurden 1937 der Öffentlichkeit zugängig. Marianne und ich besuchten das Anwesen fast bei jedem Aufenthalt an der Côte d'Azur.

Nach Cannes spazierten wir oft entlang der Küstenstraße von Mandelieu aus. Zum Baden war es im April noch zu kalt, aber barfuß schlenderten wir im Sand. Cannes, die Stadt der Filmwelt, ist vielfältig. Das Klima ist mediterran. Alte Bilder aus dem 18. Jahrhundert zeigen Cannes als Fischerdorf. Ab dem 19. Jahrhundert entwickelte es sich in die heutige Stadt. Die Flaniermeile Boulevard de la Croisette, ähnlich der Promenade des Anglais in Nizza.

Bei jedem Aufenthalt wurde ein Ausflug für die Athletinnen und Athleten organisiert, damit sie die wichtigsten Orte der Côte d'Azur kennenlernten.

Der Ausflug nach Saint-Tropez: Bekannt wurde die Stadt am Meer durch die Anwesenheit von Künstlern und Schriftstellern wie Kurt Tucholsky, Sybille Bedford, Colette, Jean-Paul Sartre, Simone de Beauvoir, Françoise Sagan.

Weltberühmt wurde die Stadt durch die Polizeifilme des Komikers Louis de Funès, Brigitte Bardot und den Playboy Gunter Sachs.

Monaco, Monte-Carlo, ist weltbekannt für die Spielcasinos.

Ein Bijou ist Èze, das Dorf liegt zwischen dem Fürstentum Monaco, Monte-Carlo, und Nizza. Das mittelalterliche Dorf liegt 400 m über einer steil ins Meer abfallenden Felswand und ist autofrei. Der Aussichtspunkt liegt oberhalb des Dorfes auf 700 m über Meer. Das Mikroklima ist angenehm im Winter, bis zu 5 Grad wärmer als in der Umgebung. Das Dorf beherbergt einen botanischen Garten und Sukkulenten.

Friedrich Nietzsche hat hier sein epochales Werk „Also sprach Zarathustra“ geschrieben.

Dann die Parfüm-Stadt Grasse, gelegen auf dem Balkon oberhalb Cannes, mit Aussicht auf die Stadt und Umgebung. Sehr interessant ist das Parfümmuseum.

Dort findet man einen Überblick über die ersten Parfümproduzenten Fragonard, Molinard und Galimard. In der Region werden die Grundstoffe der Parfüme angepflanzt, Rosen, Jasmin, Lavendel und viele andere Duftpflanzen.

Die Fondation Maeght in Saint-Paul-de-Vence wurde von Margarite und Amié Maeght als privates Museum gegründet und

1964 eröffnet. Ein großer Garten mit Skulpturen, Plastiken und Mosaiken zeitgenössischer Künstler geben dem Anwesen den nötigen Glanz. Von dem von Diego Giacometti entworfenen „Café Diego“ wandert der Blick direkt auf die lang gestreckten Figuren von Alberto Giacometti. Auch Picasso wird in Antibes mit einem Museum beehrt. Seine geometrisch konstruierten Bilder erinnern mich an meine Winkelmessungen an den Fußröntgenbildern meiner Patientinnen und Patienten, vor und ein Jahr nach der Operation.

Die Region um das alte, hoch über der Meeresküste liegende Städtchen Vence hat viele Künstler angezogen. Matisse, bekannt für Bilder, Skulpturen und für die Kirchenfenster der Rosenkranzkapelle in Vence. Neben Matisse arbeitete auch Chagall in Vence.

Ein Ausflug in die Haute-Provence führte uns zum Grand Canyon du Verdon.

Der Canyon ist 700 m tief, knapp halb so tief wie der Grand Canyon in den USA, hat aber nur eine Länge von etwa 20 km, verglichen mit dem bekannten Grand Canyon. Der Fluss Verdon ist ein Flüsschen gegenüber dem Colorado River. Für einen Abstieg in den Canyon reichte es aus Zeitgründen nicht mehr. Wir umrundeten ihn dafür mit dem Auto.

Der Mont Ventoux ist ein allein stehender Gigant in der Provence. Bekannt wurde er durch die Tour de France, die jährlich über das Monstrum führt. Marianne und ich lieben den Berg, mit seinen Mythen und seiner wunderbaren Aussicht. Bei der Hin- und Rückfahrt an die Côte d’Azur haben wir die Route über den Berg geplant.

Zu erwähnen bleibt noch das Esterel-Massiv mit seinen steil ins Meer abfallenden Felsen. Das Relief ist stark zerklüftet mit einer mittleren Höhe von 600 m und liegt zwischen Mandelieu und Saint-Raphaël.

In unserer Region wurde ein Sportzentrum gebaut. Große Eishalle, zwei Fußballfelder, eine 400-m-Tartanbahn und eine große Turnhalle mit Zuschauersitzplätzen.

Beide Kinder waren sportbegeistert, Andreas als Basketballspieler, Viviane als Leichtathletin. Im Sportzentrum wurden Leichtathletik und Eishockey stark gefördert, In der Jugendmannschaft war Viviane die Schnellste im Sprint und Weitsprung. Sie wurde in Chiasso Schweizer Meisterin im 60-m-Sprint, in ihrer Jahresklasse. Viviane als Talent wurde von den Trainern auch in älteren Jahresklassen eingesetzt zum Beispiel in Quer durch Bern, Solothurn und vielen anderen Läufen.

Verantwortlicher Arzt der Mädchen-Talentfußballschule des Fußballverbandes

Der Schweizerische Fußballverband gründete die Mädchen-Talentfußballschule im Sportzentrum. Damit wurden die Mädchen den Knaben gleichgestellt.

Zehn Jahre war ich verantwortlicher Arzt für diese Talente.

Begonnen hat man mit zwanzig vierzehnjährigen Talenten aus der ganzen Schweiz. Es entstand eine Mischung von drei Muttersprachen. Deutsch, Französisch und Italienisch. Die Ausbildung dauerte zwei Jahre. Für mich war das interessant, endlich wieder Französisch zu sprechen. Italienisch verstand ich, konnte aber nicht fließend antworten.

Meine erste Aufgabe war, die Mädchen medizinisch für die Tauglichkeit abzuklären.

Jedes Jahr wurden zwanzig Talente des Jahrganges ausgewählt.

Das Fußballtraining betrug täglich 3 bis 4 Stunden neben dem obligatorischen Schulunterricht. Ab siebzehn Uhr kamen die Mädchen mit Problemen zu mir ins Spital.

Der Schulunterricht war in deutscher Sprache. Leichte Anfangsschwierigkeiten für die Westschweizerinnen und die Tessinerinnen war nur von kurzer Dauer. Am Ende der Ausbildung beherrschten alle die deutsche Sprache, einige sogar den Berner Dialekt.

Nach zehn Jahren wechselte die Fußballschule nach Biel. Biel ist eine Stadt an der Grenze zur Westschweiz. Die Hälfte der Einwohner sprechen Französisch als Muttersprache. Es gibt deshalb deutsche und französische Schulen. Es war vor allem eine Entlastung für die Westschweizerinnen.

Die Fußballerinnen wurden in Familien untergebracht, bei denen Kinder gleichen Alters lebten, damit sie Familienanschluss hatten. An Wochenenden kehrten sie zu ihren Familien zurück und spielten Meisterschaftsspiele bei ihrem Stammverein.

Ich war sehr erstaunt über die psychische Stärke, die sie in der Fremde, abgekoppelt von der Familie, den Freundinnen und Freunden, an den Tag legten. In den zehn Jahren hatte ich nur drei Mädchen, die wir im ersten Jahr schon fast zu Beginn, aus psychischen Gründen, nach Hause schicken mussten.

Dies ist ein anschauliches Beispiel, dass Sport den Charakter und die psychische Stabilität stärkt.

Die für die Mädchen verantwortliche Trainerin war zugleich auch Trainerin der schweizerischen Frauen-Nationalmannschaft. Gelegentlich musste ich auch die Damen-A-Nationalmannschaft bei der Vorbereitung für das anstehende Länderspiel begleiten. Einige Male bin ich als Mannschaftsarzt zu Länderspielen aufgeboten worden. Es ist sehr interessant, mit der Mannschaft ins Ausland zu reisen, nach Frankreich oder nach Schottland, oder bei Heimspielen dabei zu sein. Vorgängige Trainings der Spielerinnen zu verfolgen. Bei Spielstrategie-Gesprächen dabei zu sein. Fast jede Spielerin hat vor dem Spiel ein eigenes Ritual, auch Mannschaftsrituale werden vollzogen.

Beatrice war die Erste Verantwortliche der Talentschule. Wir passten charakterlich gut zusammen, und Probleme gab es nie. Eine Spielerin verletzte sich am Knie. Ich diagnostizierte einen vorderen Kreuzbandriss. Kontakt zu den Eltern machten Bea und ich zusammen. Mein Prinzip war, operiere nie eine Sportlerin, für die du verantwortlich bist. Der Vater organisierte den Eingriff bei einem Orthopäden in seiner Region. Ich nahm mit dem Kollegen Kontakt auf und schickte ihm Röntgenbilder, MRI so wie alle notwendigen Dokumente. Das Talent kam zwei Wochen zurück in den Schulalltag und zur Rehabilitation. Bei der ersten Kontrolle beim Operateur stellte er fest, dass das Kreuzband locker war. Statistisch war bewiesen, dass das neue Kreuzband in fast 10 bis 15 % nicht straff einheilt. Der Vater gab uns die Schuld und wollte uns verklagen. Bea informierte mich, sie kenne den Vater, er suchte Sündenböcke, und das waren wir. Das sind typische Reaktionen von Vätern, die ihre eigenen, unerreichten sportlichen Träume durch ihre Nachkommen erfüllt sehen wollen.

Die erste Nationalspielerin, die unsere Talentschule durchlaufen hatte, spielte als professionelle Spielerin in einem schwedischen Klub. Mit ihr und ihrem Vater hatte ich oft Meinungsverschiedenheiten und musste ihnen klar Bescheid geben, dass ich die Verantwortung für seine Tochter habe. Sie erlitt eine Gehirnerschütterung und zwei Wochen Sportverbot.

Sie blieb auch in der Damennationalmannschaft ein Unruheherd. Eine Gruppe Spielerinnen lehnte sich gegen die Nationaltrainerin auf. Der Verband wechselte die Trainerin aus.

Die neue Trainerin Martina, eine bekannte Fußballtrainerin aus Deutschland, war in den nächsten Jahren meine Ansprechperson. Auch wir passten charakterlich zusammen, was unsere Zusammenarbeit erleichterte.

Nach dem Nachmittagstraining besuchte sie mich im Spital und wollte Auskunft über einige Spielerinnen. Sie war überrascht, dass sich gleichzeitig bei der Untersuchung alle Mädchen im Zimmer aufhielten. Sie fragte mich, ob ich damit nicht die ärztliche Schweigepflicht verletze. Ich antwortete: „Ja, schon, aber die Spielerinnen sprechen sowieso mit allen über ihre Probleme.“

Aber ich schütze mich, nicht, dass jemand behaupten kann, dass ich mich an einer Minderjährigen vergriffen hätte.

Die Internationale Mitgliedschaft der American Foot and Ankle Society

Die Fußchirurgie war in Europa und der Schweiz noch in den Kinderschuhen. Eine Fußchirurgische Gesellschaft existierte damals noch nicht. Sechs interessierte Kollegen, zwei aus Genf und Zürich, einer aus Basel und ich aus Bern, besuchten den amerikanischen Fußkongress in Coeur d'Alene, im Staate Idaho. In Boise operierte Michael Coughlin, Erfinder der Crescentic Osteotomy. Die Schweizer Gruppe wurde in Boise von Michael empfangen und am Sonntag in den Klub eingeladen. Am Mittagstisch war die Familie Coughlin mit Ehefrau und beiden Töchtern anwesend. Michael war der progressivste Fußchirurg der USA. Am nächsten Tag fuhren wir mit einem Mietauto nach Coeur d'Alene, nahe der kanadischen Grenze. Coeur d'Alene ist eine Kleinstadt am gleichnamigen, in die hügelige Landschaft eingebetteten See. Ähnlich dem Luganer See im Tessin. Der Name Coeur d'Alene geht auf die Franzosen zurück, die von Süden her eine ähnliche Landschaft antrafen, wie sie in Frankreich auch vorkommt. Vorwiegend französische Händler haben sich hier niedergelassen. Die wunderbare Landschaft mit See und dem großen Coeur d'Alene National Forest hat eine große Anziehungskraft auf Touristen aus aller Welt.

Große Resorts wurden erstellt, in einem davon fand der Kongress statt.

Der Norden Idahos ist bekannt durch die Silberminen. Die bekannteste ist die Coeur Mining, deren Geschichte im Museum verewigt ist.

Michael Coughlin präsentiert die neu entwickelte Crescentic Osteotomy zur Korrektur des Hallux valgus. Das Prinzip ist die Verkleinerung des Winkels zwischen den Vorfußknochen eins und zwei. Crescentic seht für den kreisförmigen Sägeschnitt, an der Basis des ersten Vorfußknochens.

Michael Coughlin präsentierte das geniale Vorgehen, das den Winkel zwischen den beiden Knochen verkleinert. Damit normalisieren sich die Zugkräfte auf die Großzehe. Ich war von der Methode begeistert und kaufte das Video der Operation.

Nach dem Kongress hatte Michael die Schweizer Gruppe nach Boise eingeladen. Wir verbrachten zwei Tage mit Michael im Spital. Jeder von uns assistierte ihm bei dem Eingriff. Während der Operation und auch als Zuschauer stellten wir Fragen, die er klar und fundiert beantwortete. Das war ein Highlight für uns, weil die Präsentation für uns Europäer einen pädagogischen Fortschritt bedeutete. Diese Erfahrung hatte ich als Student am Case-Western-Universitätsspital in Cleveland auch erlebt.

Michael wurde Pate der Schweizer Gruppe für die Aufnahme in die American Foot and Ankle Society als Internationales Mitglied.

Die Operationstechnik hatte mich so beeindruckt, dass ich mich noch während des Kongresses entschieden hatte, die Technik zu erlernen und sie künftig auf meiner Abteilung für die Korrektur des Hallux valgus einzuführen. Das Zusatz-Instrumentarium wurde organisiert. Als ich die Operationstechnik das erste Mal angewendet habe, fühlte ich, als hätte ich diese Technik schon hundert Mal angewendet. Es ist wie beim Kunstturnen, auch in dieser Disziplin hat man Vorteile, wenn man die Übung geistig unendliche Male durchgeturnt hat. Vor dem Einschlafen hatte ich den Eingriff vor dem geistigen Auge durchgeführt.

Jährlich besuchte eine Schweizer Gruppe das Sommermeeting der Fußchirurgischen Gesellschaft. Das Meeting wurde jedes Jahr in einem anderen Staat organisiert. Wir verlängerten das Meeting um eine Woche, damit wir die Umgebung bereisen konnten.

Mit Michael diskutierte ich bei jedem Kongress über die Crescentic Osteotomy, die Erfahrungen und über die Probleme des großen Schraubenkopfes, der zu Weichteilirritationen führen kann.

Beim offiziellen Abendessen war Dresscode obligatorisch. Dieser Anlass fand immer an einem wunderbaren Ort statt. In San Diego wurde zum Essen in den weltberühmten Zoo eingeladen, in San Francisco in eine Highschool hoch über der Golden Gate Bridge mit Aussicht von oben auf die Brücke und den Park, sogar die Insel Alcatraz war am Rande sichtbar.

Mit dem Taxi ging es von Savannah nach Hilton Head Island.

Mit meinen Genfer Kollegen verpassten wir den Flug von Atlanta nach Savannah, weil wir zu lange in Atlanta weilten. Mit dem letzten Flug flogen wir um Mitternacht nach Savannah. Anschließend brachte uns ein Taxi ins Hotel auf Hilton Head Island im Staate South Carolina.

Beim Abschiedstreffen fragte der Präsident: „Wer wählt nicht die Republikanische Partei?“ Vier bis fünf Frauen wagten aufzustehen.

Im November wurde George W. Bush gewählt.

In Vail erlebten wir einen Mountainbike-Downhill aus der Höhe von 3600 m ü. M. ins Tal zurück. Ich war noch nie mit einem Fahrrad eine Skipiste heruntergefahren. Die Gondelbahn zog uns auf die Starthöhe. Dort übernahmen wir das Mountainbike und die zugehörige Ausrüstung, Helm, Gelenkschutz und Handschuhe. Junge Amerikaner rasten mit einer Höllengeschwindigkeit die Piste hinunter. Wir Anfänger nahmen die Hinunterfahrt gemütlicher und machten mehrere Pausen. Ende Nachmittag erreichten wir Vail todmüde vom Bremsen und einigen kleinen Stürzen.

Einen zweiten Ausflug unternahmen wir von Vail in den Colorado-Nationalpark. Die Route führte uns auf den Transit Creek Pass auf eine Höhe von 3600 m ü. M.

Von dort führt ein kleiner Saumpfad auf die umliegenden Hügel. Die Höhendifferenz war 400 m. Diese Höhendifferenz muteten wir uns als bergerprobte Schweizer zu. Ich hatte etwas Bedenken, ich könnte auf dieser Höhe Atemprobleme bekommen, da ich fünf Jahre zuvor eine Autoimmunkrankheit der Lunge mit mehr als zwölfmonatiger Therapie mit Prednison durchgemacht hatte. Erstaunlicherweise hatte ich keine Atemprobleme. Wir wanderten langsam auf die Höhe von 4000 m. Im Segelflugzeug wird ab 3000 m Sauerstoff eingesetzt, weil wegen Konzentrationsverlust die Steuerfähigkeit beeinflusst werden kann. Der erste Hügel war genau 4000 m hoch wie auf der Tafel angegeben. Innerhalb von zwei Kilometern hatten wir weitere drei Hügel mit derselben Höhe bestiegen.

Manchmal erzähle ich von meiner Erfahrung mit 4000er-Besteigungen. Ich hätte an einem Tag vier Viertausender bestiegen, und die Zuhörer blickten mich ungläubig an, bis ich eine Erklärung über das Ereignis preisgab. Wir alle lachten über meinen wahren Witz.

Erst viel später hat man wissenschaftlich herausgefunden, dass die Lungen-Sarkoidose eine Autoimmunkrankheit ist, ausgelöst durch Fehlinterpretation des eigenen Immunsystems. Zweiundzwanzig Jahre hatte ich Ruhe, dann kam Corona. Ich glaubte, ich wurde infiziert, aber der Test war negativ. Die Diagnose war ein Rezidiv der Autoimmunkrankheit mit täglicher Müdigkeit während vier bis sechs Wochen, seither hatte ich zwei weniger intensive Rezidive. Wirksame Medikamente gibt es noch nicht. Die Forschung sollte sich auch bei der Umpolung des Immunsystems für die Lungen-Sarkoidose einsetzen, aber mit der Umpolung gegen den Krebs verdient man wesentlich mehr, auf Druck der Investoren.

In Salt Lake City wurden 2002 die Olympischen Winterspiele durchgeführt. Wir besuchten die bereits eingerichteten Athletenlager, die Pisten und die Umgebung. Zurück in Salt Lake City, bekannt wegen des riesigen Mormonentempels und des legendären Salt Lake. Am Tag des Tempelbesuches war das Wetter windig. Wir parkierten das Auto unter einem Baum der Allee neben dem Tempel. Ich stellte mir einen Tempel vor mit riesigen Innenräumen und war überrascht, dass die vielen Räume nicht meinen Vorstellungen entsprachen. Als wir nach dem Besuch zurück zum Auto kamen, sah ich von Weitem einen großen abgebrochenen Ast auf dem Autodach. Als wir uns dem Auto näherten, bemerkten wir, dass der Ast auf dem Nachbarauto lag. Wir waren erleichtert, weil wir am gleichen Tag über Chicago nach Hause flogen.

Ein Jahr später besuchte ich den Yellowstone Park ohne meine Kollegen, weil diese den Park von früheren Besuchen kannten.

Mit einem Mietauto durchquerte ich den Park. Tief unter ihm brodelt eine riesige Magmakammer, von einer Dimension 60 km lang und 35 km breit. An der Oberfläche spritzen Hunderte kleine, dampfende Heißwasser-Springbrunnen aus der Erde. Ich stellte mir vor, wie die Region sich verändern, wenn die Magmakammer explodieren würde, wie lange würde der

Winter auf der Nordhalbkugel andauern? Ein Beispiel ist der Ausbruch des Vulkans Karakuta 1858 in Indonesien; im folgenden Sommer etablierte sich ein Winterklima mit Hungersnot.

Die archaisch riesigen Bisons führten meine Gedanken in die Urzeit zurück.

Menschen greifen sie nicht an, wenn man aus guter Distanz mitwandert und sie beobachtet. Im ganzen Park brodelt und dampft es aus dem Boden, an den kleinen Seen am Ufer. Der Old Faithful ist der imposanteste.

Die wunderbare Zeit während der Entwicklung der X-Platte

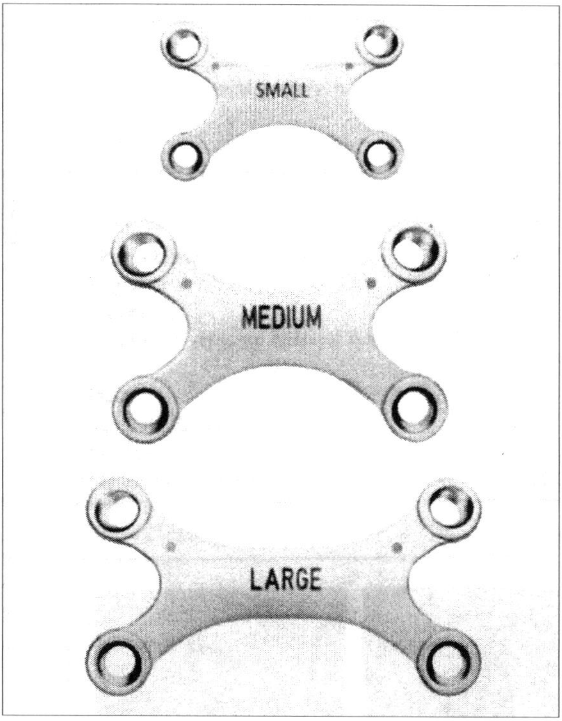

In der Region und weit darüber hinaus breitete sich meine Korrekturmethode durch Mund-zu-Mund-Werbung aus. Nach einem Jahr hatte ich Patienten aus fast der ganzen Schweiz. Mit dem großen Schraubenkopf hatte ich auch einige Erfahrungen gemacht, die mich für eine andere Fixationsmethode anstachelte, und hatte bereits eine Vorstellung, wie sie aussehnen könnte.

Ich nahm Kontakt auf mit einer Produktionsfirma, die Fixationsplatten und Schrauben zur Stabilisierung von Knochenbrüchen herstellt. Eine Antwort auf meine Anfrage bekam ich nicht.

Ein Jahr später erhielt ich einen Anruf mit der Anfrage, ob ich immer noch Interesse an einer Fixationsplatte für den Fuß habe. Ich antwortete: „Natürlich habe ich immer noch Interesse, aber ich glaubte, Sie hätten kein Interesse mehr."

Die Firma hatte mich zu einem Gespräch eingeladen, um meine Vorstellung einer Osteotomie-Fixationsplatte zu erläutern. Zuerst wurden die Bedingungen für die Zusammenarbeit besprochen. Anschließend wurden die Dokumente gegenseitig unterschrieben.

Dann ging es sehr schnell vorwärts. Ich hatte freie Hand, meine Vorstellung zu realisieren. Jeden Donnerstagnachmittag war ich in der Firma erschienen. Das Ingenieur-Team, unter der Leitung von Florian, wurde mir vorgestellt. Anschließend besprachen wir den Terminplan, danach die Besichtigung der Firma und das Wichtigste, das Forschungslabor.

Zuerst verteilte ich ihnen das Manuskript von Professor Schenk, das aber auch nur für den Röhrenknochen gilt, aber das Piezoelektrische Phänomen erklärt. Ich wollte, dass schon zu Beginn der Zusammenarbeit Klarheit besteht, dass die Fixationsplatte seitlich an der Basis des ersten Vorfußknochens montiert werden muss.

Die Antwort war, dass generell, an Fuß und Händen, also bei horizontal und vertikal belasteten Knochen, eine seitlich positionierte Platte gegen die Kompressionsregel verstoße. Welche Regel? Die Regel der Kompression, und die könne nur eingehalten werden, wenn die Platte an der Oberseite montiert werde. Die bisherigen auf dem Markt erhältlichen Plattenprodukte sind für die Fixation von Knochenbrüchen am Röhrenknochen ausgelegt.

Ja, das stimmt, aber nicht für den spongiösen Knochenanteil. Die Crescentic Osteotomy befindet sich im spongiösen Knochen, und die Schnittfläche erfordert nur Stabilität.

Die Kompressionsregel ist tief in den Köpfen der Orthopäden und Traumatologen und der Plattenproduzenten verankert, ja sogar in der Rechtsschreibung, vor allem in den USA. Als Beispiel nannte ich die Abstützplatten, die bei den gelenknahen Impressionsbrüchen im spongiösen Bereich angewendet werden, wie zum Beispiel am Kniegelenk.

Die Krafteinwirkungen kommen vorwiegend senkrecht und zerstören die kleinen Zimmerchen. Bei großer Zerstörung der Zimmerchen braucht es oft Spongiosa-Knochen aus dem Beckenkamm, um den Defekt auszufüllen.

Eine Kompression kann damit nicht erzeugt werden, aber man glaubt trotzdem daran.

Röhren- und spongiöser Knochen sind zwei nicht vergleichbare Knochenstrukturen, wie die Komiker-Darsteller Laurel und Hardy. Die Ingenieure akzeptierten meine Vorstellung der seitlichen Positionierung der Platte am horizontal belasteten Fußknochen.

Wie muss die Platte aussehen, um die Kräfte Druck und Zug zu neutralisieren oder auch zu nutzen, weil zwei Schrauben seitlich unten in den Knochen eingeschraubt werden, die oben am Knochen sogar bei Belastung zusätzliche Stabilität zur Folge haben? Nur die seitliche Position der Platte kann die agierenden Kräfte ausbalancieren. Also war die Frage, welche Form muss die Platte haben, um vier Schrauben korrekt einzubauen, um die gegenseitigen Kräfte im Gleichgewicht zu halten und der Quantentheorie gerecht zu werden?

Der Ausgangspunkt war ein Rechteck, aus dem sich eine X-Form am besten ergab, um sich an den ersten Vorfußknochen anzupassen.

Das Modell zeigte auch, dass die definitive Platte eine leicht domförmige Anpassung an die ovale seitliche Knochenform haben muss. Die Produktionsfirma hatte bereits ein Patent, den

Schraubenkopf winkelstabil in der Platte zu verankern, durch eingefräste Gewinde in der Platte und am Schraubenkopf. Die Methode garantiert eine absolute Stabilität. Die Bohrkanäle in den Knochen werden über ein Zielgerät durchgeführt.

Die Plattendicke definierten wir mit 2,5 mm und das Schraubenloch mit 3,5 mm.

Die Platten wurden aus einer Titanlegierung und aus Stahl angefertigt.

Die X-Platte kann so angelegt werden, dass die erst Schraube von oben senkrecht durch die Schnittfläche gesetzt wird und auf diese Weise eine Kompression vortäuscht. Die drei übrigen Schrauben werden seitlich eingesetzt, wobei je zwei Schrauben auf beiden Seiten der Schnittfläche verankert sind.

Alle Tests wurden im Testlabor der Firma durchgeführt und statistisch ausgewertet. Zuerst am Kunstknochen, später auch an Menschenfüßen, nach einem Kongress, bei dem an den Füßen Operationen geübt wurden. Wir entschieden uns, die X-Platte in drei Größen zu produzieren, damit sie auch für andere Fixationen angewendet werden kann.

Ein Jahr vor der Produktion der X-Platte, auf dem Sommerkongress in Vail, Colorado, zeigte ich Michael ein Modell aus Plastik, von einer möglichen Platte. Er habe auch schon an eine Plattenfixation gedacht, aber die müsste H-förmig sein, damit man sie auf der oberen Seite anbringen kann, aber die Anatomie in dieser gelenknahen Region mache es unmöglich, die Platte korrekt zu platzieren. Ich habe nicht versucht, Michael vom Kompressionsdogma abzubringen, er hätte mich wahrscheinlich als verrückt eingestuft. Es sei eine gute Idee, die ich ihm am Plastikmodell erklärt hatte, aber ohne Beweis von wirksamer Kompression auf die Osteotomie bekomme er Schwierigkeiten mit der Haftpflichtversicherung. In den USA muss der Arzt beweisen, dass er keinen Fehler gemacht hat. In Europa ist es der Patient. Die Kompressionsregel wurde für beide Knochenarten für die Ewigkeit gleichgestellt.

Mit der heutigen minimalinvasiven Fußchirurgie, die erst kürzlich entwickelt wurde, werden die Osteotomien in gelenknahen spongiösen Knochen nicht mehr fixiert, und man vertraut auf die Heilung durch die Knochenzellen Osteoblast und Osteoklast, die durch die Quantenphysik über elektromagnetisches Feld gesteuert werden. Eigentlich wusste man aus der Grundlagenforschung in den 1960er Jahren darüber Bescheid. Aber die heutigen miniinvasiven Methoden im spongiösen Bereich finde ich gut. Bedenken habe ich, dass die Anwender auch über die Quantenphysik orientiert werden sollten, um den Heilungsprozess zu verstehen.

Es gibt ein altes Sprichwort in der Chirurgie: Ein Chirurg ist nie so gefährlich wie nach einem Kongress.

Florian und ich wurden für die Entwicklung der X-Platte von der Arbeitsgemeinschaft für Osteosynthese-Fragen in Davos geehrt für die Erfindung des Jahres.

Die schweizerische Stiftung für Innovation ehrt jährlich drei erfolgversprechende Erfindungen. Dazu gehörte unsere X-Plate auch. Die Operation der Crescentic Osteotomy wurde bei mir gefilmt. Bei der Präsentation musste ich den Kurzfilm kommentieren.

Am Weltfußkongress in Neapel habe ich einen Vortrag über die X-Platte präsentiert und am Stand Fragen beantwortet. Auch am Stand wurde ich mit der Kompressionsregel konfrontiert.

Meine Frau und ich erlaubten uns einen freien Nachmittag, um die weltberühmte Insel Capri zu besuchen. Marianne langweilte sich nicht in Neapel. Sie hat sich den Begleiterinnen aus aller Welt angeschlossen und viele Sehenswürdigkeiten besucht. Die durch Lava vom Vesuv verschüttete Stadt Pompeji machte großen Eindruck auf sie, wie die Menschen damals lebten.

Beim Europäischen Fußkongress in Prag hat mich meine Frau auch begleitet.

Tagsüber leitete ich einen Workshop, und am Abend besuchten wir die Statue von Nepomuk; wenn wir die Statue nicht besucht hätten, wäre unser Sohn nicht zufrieden mit uns gewesen. Marianne erzählte ihm vor dem Einschlafen immer Geschichten. In einer der Geschichten kam auch Nepomuk vor. Der Name Nepomuk beeindruckte Andreas sehr. Wir haben am Abend zusammen auf der Brücke die Statue bewundert und fotografiert. Andreas hätte mir nicht verziehen, wenn ich Nepomuk nicht besucht hätte.

Weitere Workshops hatte ich in Bochum, Dortmund, Oxford und Paris geleitet und viele Kollegen europaweit kennengelernt.

Während des Fußkongresses in Paris habe ich Cathrine, damalige Fachfrau für Operationstechnik besucht, die seit einigen Jahren mit ihrem zweiten Ehemann in Paris lebte. Sie war eine Frau, die mit dem Operateur mitdachte, als würde sie selber die Operation durchführen.

Der Alltag mit Marianne vor der Krebsdiagnose

Marianne war ein überaus wichtiger Mensch in meinem Leben. Sie ermöglichte mir ein Medizinstudium, ohne auf mich Druck auszuüben. Sie schätzte meinen Charakter richtig ein und ließ mir die Freiheit, die ich brauchte, um arbeiten zu können. Sie begriff meinen Wissensdrang und unterstützte mich dabei. Sie unterstützte mich auch stets, wenn von außen auf mich konzentrierte Attacken kamen, um meine Zukunft als Chirurg zu verhindern. Die psychische Verfassung wurde dadurch immer stärker und ließ mich von den Nadelstichen nicht ablenken, das stärkte auch meine Ehefrau. Die Weiterbildung in Neuenburg war für meine Frau ein großer Aufwand. Ich konnte ihr im Haushalt nicht beistehen. Das Pendeln zwischen Neuenburg und Bern füllte den Tag. Sie musste den Haushalt, die Einkäufe und die Bedürfnisse der Kinder ohne mich bewältigen. Wir wohnten damals in einem Bauernhaus im ersten Stock. Der Sohn des Hausbesitzers wohnte im Parterre. Zusätzlich zum Haushalt und den Kindern bewirtschaftete sie noch einen Garten, der ihr, wie sie sich ausdrückte, den Tag verschönerte.

Das B-Jahr in Visp war für die Familie und mich sehr hart und verlangte von uns allen viel Verzicht. Es gab aber auch schöne Momente an Wochenenden und in den Ferien. Die Telefongebühren verdoppelten sich, zu Hause und in meiner Wohnung. Andreas war sehr auf die Mutter konzentriert, und litt wahrscheinlich weniger als seine Schwester. Diese wichtige Phase der Entwicklung, ohne permanente Anwesenheit des Vaters, fiel in die Vor- und Einschulungszeit. Vivianne war sechs Monate alt, als sie als Adoptivkind zu uns kam. Die ersten sechs Monate verbrachte sie bei ihrer Großmutter in der Hafenstadt Tumaco, die kurzvorher durch einen Tornado überschwemmt wurde. Sie kam zurück nach Cali in das Kinderheim, und zur Adoption freigegeben.

Wenn ich mich am Sonntagabend von der Familie verabschiedete, zog sich Vivianne in ihr Zimmer zurück. Jedes Mal verließ ich das Haus mit dem Gedanken: „Hoffentlich endet diese Zeit bald." Gegen Ende zählte ich jede Woche, die ich noch absitzen musste.

Wenn ich als Oberarzt Wochenenddienst hatte, kam Marianne mit den Kindern ins Wallis nach Visp.

Von diesen Wochenenden erzählen die Kinder noch heute, von den Kissenschlachten und der Seilbahn, mit der sie auf und ab fuhren, wenn keine anderen Bewohner sie benutzten. Meine Zweizimmerwohnung befand sich an einer steil angelegten Siedlung am Hang. In der Mitte der getrennten Siedlung fuhr eine Bahn. Die Bahn brachte die Bewohner auf das Niveau ihrer Wohnung.

Die letzten vier Monate, die ich in Neuenburg verbrachte, bin ich wie früher zwischen Wohnort und Arbeitsplatz hin- und hergependelt.

Als Chefarzt bin ich endlich täglich abends zu Hause. Die Ferien verbrachten wir In Sommer und Herbst während der Schulferien mit einer Reise nach Frankreich oder Spanien.

Während der Studienzeit hatten wir mit dem alten VW Käfer praktisch alle Weingebiete in Frankreich besucht und mit den Weinbauern Fachwissen ausgetauscht. Mein Fachwissen war rein theoretisch, aber als Bauernsohn verstand ich auch etwas vom Terroir, von der Bodenbeschaffenheit. Diese Reisen von damals, unvorbereitet fuhren wir los, am Abend suchte wir eine Unterkunft.

Diese Art zu reisen kittete uns für immer zusammen.

Mitte der 90er Jahre ging der Wunsch von Marianne in Erfüllung:

Wir kauften ein mittelgroßes Bauernhaus mitten im Dorf, das noch mit Kochherd, Backofen und Stubenofen geheizt wurde. Marianne war sehr begabt für Innenarchitektur. Sie informierte sich seit Jahren über Wochenzeitschriften, besuchte Wohnungseinrichtungen in der ganzen Schweiz und wusste über die neusten Angebote Bescheid. Ich überließ den Umbau Marianne. Sie verhandelte ohne mich selbstständig mit dem Architekten und den Handwerkern wegen des Umbaus sowie mit verschiedenen Innenarchitekten. Sie berichtete mir abends, was sie beschlossen hatten oder ob Probleme aufgetaucht waren. Oft konnte ich noch eine zusätzliche Anregung einbringen, die mit den Fachleuten besprochen werden musste. Am Ökonomieteil, an Tenne, Stall und Heubühne haben wir nur den Bühnenboden ersetzt und außen das Hangdruckwasser abgeleitet. Das Herzstück Brunnen mit eigener Quelle haben wir original belassen. Eigenes Wasser im Sommer für den großen Garten hat große Vorteile. Im Stall wurde die Wärmepumpe zum Heizen des Wohnhauses eingebaut.

An der Südfassade des Hauses nagelte ich 11 500 Holzschindeln an in fünf Wochen, mit Abend- und Sonntagsarbeit.

Marianne gestaltete das Wohnhaus nach ihren Vorstellungen.

Im Erdgeschoss wurde aus zwei Zimmern eine Wohnküche eingebaut mit zentral errichtetem Kochherd, Blick auf den Esstisch, damit sie beim Kochen mit den Gästen sprechen konnte. Der alte Bauernsitzofen und den Backofen haben wir unverändert belassen. Im Erdgeschoss wurde eine Bodenheizung eingebaut.

Den alten Kochherd haben wir belassen und waren froh, als wir zwei Tage keinen Strom hatten. Aus der alten Küche integrierten wir ein Badezimmer mit WC für die Kinder ein, ebenfalls ein Treppenhaus vom Keller bis ins wunderbare und große Dachzimmer. Den westlichen Anbau, früher Pferde- und Schweinestall, krempelten wir um in zwei Kinderzimmer. Andreas erhielt den Schweinestall und Viviane den Pferdestall, sie wollten es so haben.

Im ersten Stock befinden sich unser Schlafzimmer, Badezimmer mit separatem WC und ein Ankleidezimmer. An der Ostseite des Hauses übernahmen wir die bestehende Außentreppe mit Balkon.

Über den Kinderzimmern befindet sich die Waschküche. Marianne wünschte sich die Waschküche im ersten Stock und nicht im Keller.

Das Dachzimmer verfügt über alte, gut erhaltene Dachbalken, und in der Mitte über einen Kamin. Für Tageslicht sorgen drei Lukarnen, ein Dachfenster über der Treppe und drei hohe Glastüren auf den Balkon über der Südfront. Das Dach erhielt eine Wärmedämmung, damit die Sonnenenergie im Sommer nur ein Grad Wärme durchlässt und das Dachzimmer auch im Sommer benutzt werden kann.

Der Bauerngarten

Marianne wünschte sich einen Bauerngarten. Die Mitte des Gartens muss mit dem Giebel des Hauses übereinstimmen. Die Breite des Gartens hat die Breite des Hauses. Die Länge hat keine Vorschriften. Im Zentrum des Gartens wird ein kleines Rosenbäumchen gepflanzt und eingefasst mit Buchs; die quadratischen oder rechteckigen Gartenbeete werden ebenfalls mit Buchs eingefasst.

Eine Schattenlaube neben dem Garten mit zwei Birken, eine Sumpfeiche und viele, viele Sträucher sowie Fruchtbäume umgeben unser Eldorado.

Ohne meine Frau hätte ich nie einen derart logischen, kräftesparenden Tagesablauf zustande gebracht.

Die letzten Jahre des 20. Jahrhunderts

Parallel zum Umbau hatte ich die Fußchirurgie stark gefördert. Ich hatte nicht erwartet, dass die Nachfrage nach Hallux-valgus-Korrektur derart steil ansteigen würde.

Die der Mode angepassten Schuhe zwangen die Frauen, aber auch Männer zu handeln.

Diese Zunahme an Patienten auf meiner Abteilung hatte meine Kollegen veranlasst, mich möglichst schnell zu verdrängen. Ich habe sie nicht ernst genommen, sie hatten es schon vorher ohne Erfolg versucht.

Eine Wochenzeitschrift veröffentlichte ein Interview über meine Erfolge mit der Crescentic Osteotomy. Patienten aus der ganzen Schweiz interessierten sich für meine Korrekturmethode. Ich operierte an drei Tagen die Woche fast nur Füße. Wie immer verglich ich die standardisierten Röntgenaufnahmen vor und ein Jahr nach dem Eingriff. Alle Winkel am Vor-/Mittelfuß und Fersenbein wurden in senkrechten und seitlichen Aufnahmen ausgemessen, um sie statistisch zu verarbeiten. Das ist meine wissenschaftliche Ader, die mich dazu antreibt.

Die vielen Daten gaben mir Einsicht in die Änderungen, die ein bestimmter Eingriff zur Folge hatte. Die Resultate zeigten mir, ob eine Methode meine Vorstellungen erfüllte oder leichte Abweichungen verlangte.

Die Grundlagen, die ich durch die konsequenten Winkelmessungen erarbeitete, gaben mir Hinweise, um neue Wege in den Nullerjahren zu wagen. Die größte Herausforderung war, den Pes adductus richtig einzuordnen. Die bisherige Auffassung war, dass es sich um eine Abart des Hohlfußes handle.

Die Kinderpathologin aus Dänemark, untersuchte 1974 vierzehn Füße von Totgeburten. Die Interpretation ihres Teams war, dass der Pes adductus eine eigene Identität sei, unabhängig vom Hohlfuß.

Diagnose Eierstockkrebs

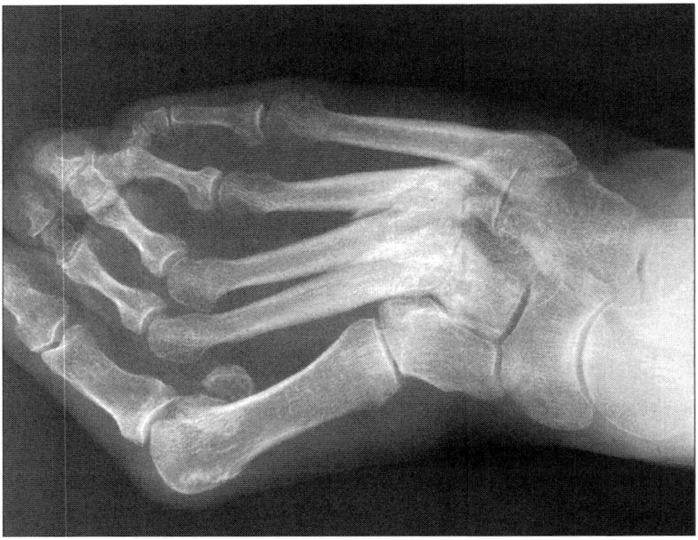

Unser Ferienplan musste vollständig geändert werden. Der Ziergarten erlaubte uns ab Frühjahr bis in den Spätherbst nur verlängerte Wochenendausflüge. Die beiden Kinder waren erwachsen und hatten eigene Ferienpläne. Wir verschoben die Ferien in den Februar und verbrachten zwei Wochen auf den Kanaren oder auf Madeira, zusammen mit einer befreundeten Familie aus dem Dorf.

Im Februar 2007 verbrachten wir zwei Wochen Ferien auf Teneriffa mit Freunden. Erst in den Ferien orientierte mich meine Frau über Unterbauch-Unwohlsein, das sie schon zu Hause nach dem Essen verspürte. Marianne verschwieg bewusst die Symptome, um uns nicht die Ferien zu verderben. Blutabgang im Stuhl bemerkte sie nicht. Ich dachte auch an eine beginnende Divertikulose, die mit ähnlichen Symptomen beginnt. Ihr Vater war wenige Jahre zuvor an Enddarmkrebs verstorben. Nach der Rückkehr organisierte ich als Erstes eine Coloskopie. Der befreundete Gastroenterologe führte drei Tage nach unserer Rückkehr die Coloskopie durch. Die entnommenen Biopsien zeigten keine pathologischen Veränderungen.

Der nächste Schritt war die gynäkologische Untersuchung. Ihre Frauenärztin kannte ich noch aus meiner Zeit in Neuenburg. Marianne wurde von ihr notfallmäßig zur Untersuchung ins Spital aufgenommen.

Die bildgebenden Untersuchungen zeigten eindeutig auf den Verdacht eines Eierstockkrebses hin.

Der Schock war für uns beide verheerend. Marianne war einige Tage niedergeschlagen und traurig, oft wortlos und nachdenkend.

Ich wurde vor die Tatsache gestellt, die mir große Mühe bereitete. Auf diese Diagnose war ich nicht vorbereitet und hatte in diesem Spezialgebiet auch keine Erfahrung. Ich war zuerst völlig hilflos und überfordert. Ich wusste, dass meine Frau von mir klare Antworten auf ihre Fragen wollte. Wie gehe ich psychologisch vor, damit ich die richtigen Worte finde? Der Psychologieunterricht im Studium lag viele Jahre zurück. Ich hatte zuerst einen leeren Kopf und wusste nicht, mit welchen Worten ich beginnen sollte. Ich musste mich als Ehemann verhalten und nicht als Arzt. Ich begann mit aufmunternden Worten und dass die operativen Möglichkeiten auf der Gynäkologie in den letzten Jahren große Fortschritte gemacht hatten. Die heutigen Krebsmedikamente seien viel wirksamer geworden. Nach einigen Tagen erhielten wir den Termin beim Operateur, ein erfahrener, auf Ovarial-CA ausgebildeter Gynäkologe. Beim Erstgespräch war ich auch dabei und beruhigte meine Frau. Ich hatte sie auf dieses Gespräch vorbereitet, damit sie nicht zu viele, nicht verdaute Neuigkeiten erfahre. Als Chirurg kannte ich die Abläufe mit der Anästhesie, dem operativen Eingriff und dem Vorgehen im Aufwachraum und erklärte ihr frühzeitig den Ablauf am Operationstag, damit sie sich im Gespräch mit dem Operateur auf andere Fragen konzentrieren konnte. Die Aufklärung beruhte auf ähnlichem Schema, wie ich es benutze. Erklärungen der Krankheit, mit Bildern untermauert, und Besprechen von nicht voraussehbaren intraoperativen Befunden, die den Ablauf der Operation beeinflussen und verlängern. Uns beruhigte die Art der Aufklärung, und das Vertrauen meiner Frau in die kommenden Wochen stieg von Tag zu Tag.

Marianne wollte nicht, dass ich bei der Operation dabei sein sollte.

Die Operation wurde für den kommenden Donnerstag, 29.03.2007, vereinbart. Am gleichen Tag nachmittags waren die Abschlusstests der X-Platte angesagt, die schon lange vorher geplant waren. Ich hatte die Tests aus diesem Grund um eine Stunde vorgeschoben, damit ich um siebzehn Uhr im Aufwachraum sein konnte. Der Eingriff allein dauerte fünf Stunden, mit Vorbereitungen, Anästhesie bis in den Aufwachraum dauerte die Operation auf sieben Stunden. Ich kam noch rechtzeitig in den Aufwachraum. Meine Frau schlief bei meiner Ankunft und erwachte erst nach fast einer Stunde. Der Operateur informierte mich über die Befunde und die wenigen Ableger im Bauchraum. Beide Eierstöcke zusammen mit der Gebärmutter wurden bei dem Eingriff entfernt sowie auch die kleinen Tumorableger im Bauchraum. Ein Lymphknotenstaging habe er großzügig durchgeführt. (Ein Gütezeichen für den Operateur ist das Lymphknotenstaging bei malignen Tumoren im Bauchraum.) Sechsundfünfzig Lymphknoten wurden entfernt und histologisch untersucht. Bei der Hälfte davon konnten keine Tumorzellen nachgewiesenen werden. Ich erzählte meinem Co-Partner von der Anzahl der entfernten Lymphknoten. Seine kurze Antwort war, der Operateur von Marianne habe sehr gute Arbeit geleistet. Es sei selten, dass so viele Lymphknoten im Bauchraum entnommen werden könnten. Am nächsten Morgen besuchte ich Marianne auf der Intensivstation und erzählte ihr, wie der Eingriff abgelaufen war und von den Befunden der kleinen Ableger im Bauchraum. Sie schlief immer wieder ein und wirkte sehr müde. Auch ich fühlte Müdigkeit. Wir vereinbarten, dass ich morgen wiederkäme, wenn sie wacher sein würde.

Momentan warteten wir auf die Resultate der histologischen Untersuchungen. Drei Tage später waren sie eingetroffen.

Am dritten Tag besuchte ich meine Frau am Abend. Jetzt ging es Marianne wesentlich besser, und wir konnten fast eine Stunde miteinander sprechen.

Die histologische Untersuchung bestätigte das Ovarial-CA.

Die Zelldifferenzierung zeigte einen Krebstypus, der sich vor allem lokal ausbreitet – deshalb die kleinen Ableger im Bauchraum – und nur selten über die Lymphbahnen in lebenswichtige Organe wie zum Beispiel in die Leber gelangt.

Das war schon eine erleichternde Nachricht, die Hoffnung aufkommen ließ.

Anschließend an die Wundheilung wurden neun Chemotherapie-Sitzungen vereinbart, in Abständen von drei Wochen.

Die verabreichten Medikamente haben statistisch auf diese Zelltypen den besten Erfolg. Eine Zweierkombination, die auf verschiedene Art auf die Tumorzellen einwirkt. Die eine Substanz wirkte auf die DNA, die andere auf die Zellteilung. Die Onkologin erwähnte auch, dass die auf die Zellteilung wirkende Substanz Haarausfall zur Folge habe. Für meine Frau war diese Aussage psychisch belastend, was wahrscheinlich für fast alle Frauen gilt. Die Kollegin gab uns eine Adresse einer Psychologin, aber auch eine von einem Homöopathen. Letzteren kannte ich vom Studium und kannte auch seine Arbeitsweise. Er behandelte unseren Sohn wegen Heuschnupfen. Die psychische Begleitung haben wir aufgeschoben. Marianne besorgte sich nach dem Haarausfall eine Perücke und ein schönes Kopftuch, das sie im Sommer, anstelle der Perücke, um den kahlen Kopf schlingen konnte. Marianne hielt sich im Sommer täglich im Garten auf und erledigte die notwendigen Gartenarbeiten. Das Sommerwetter war angenehm, weder zu warm noch zu kühl, gerade meiner Frau entsprechend. Marianne war während der Chemotherapie sehr gut aufgestellt. Der Garten war die psychologische Betreuung. Diese wunderbare Umgebung mit schönem Haus und Garten haben nur wenige mit Krebsdiagnose und chemotherapeutischen Behandlungen. Spaßeshalber sagte ich meiner Frau: „Du hast vor einigen Jahren für die jetzige Situation vorgesorgt." Wir lachten laut und umarmten uns. Ich kann mir auch gut vorstellen, wie Patientinnen und Patienten aus städtischen Agglomerationen dieses Wohlgefühl nicht durchleben und psychologische Betreuung benötigen.

An einem schönen Sonntag, das Wetter war angenehm, lockte uns, nach der sechsten Chemotherapie, ein Ausflug in die Napfregion. Am Fuße des Napfs haben wir das Auto abgestellt und machten uns auf den Weg zum 1408 m ü. M hohen Berg. Wir hatten nicht geplant, den Gipfel zu erreichen.

Der Einstieg war zuerst recht steil und autotauglich, sodass wir zu Fuß keine Mühe mit der Steilheit hatten. Anschließend öffnete sich ein mäßig ansteigendes Gelände, mit vielen schattenspendenden, locker in der Landschaft verteilten Bäumen; unter ihren Blätterschatten ruhten wir uns aus. Die Sicht ins Luzerner Hinterland war offen, und wir testeten unser geografisches Wissen, ob wir die gesichteten Dörfer mit Namen benennen können. Unerwartet schnell erreichten wir den steilsten Abschnitt zum höchsten Punkt des Berges.

Wir überlegten uns, ob wir den Abstieg antreten wollten.

Der Weg zum höchsten Punkt führt über einen schmalen, zwischen den Bäumen gewundenen Pfad, mit überall dicken Baumwurzeln als Hindernisse. Marianne entschied sich, den Aufstieg zu wagen. Die Höhendifferenz betrug noch gut hundert Meter.

Marianne lief voran, und ich unterstützte sie von hinten stoßend oder zog sie an der Hand über die großen Baumwurzeln nach oben. Je näher wir uns dem Gipfel näherten, desto schneller kamen wir voran. Den letzten steilen Aufstieg zum Restaurant meisterten wir in einer knappen Stunde.

Die gesamte Höhendifferenz betrug achthundertsechzig Meter.

Die Leistung, die Marianne vollbrachte, kann ich nicht in Worte fassen, nur eines: für gesunde Menschen unvorstellbar!

Ich weiß aber, dass diese Leistung sie für den kommenden Verlauf psychisch stärken würde.

Im Gipfelrestaurant hatten wir uns von den Strapazen bei Kaffee und Kuchen erholt. Beim Abstieg konnte sich Marianne in den steilen Pfaden sicher fühlen. An manchen heiklen Passagen musste sie sich wie ein Rucksack an mich hängen. Die behandelnde Ärztin konnte kaum glauben, dass Marianne während der Chemotherapie zu einer derartigen Leistung fähig war.

Zu dieser Zeit war ich als Chefarzt noch voll tätig. Andreas, der die Fahrprüfung erst kürzlich abschloss, musste manchmal die Fahrt zur Chemotherapie übernehmen, wenn ich mein Operationsprogramm nicht umstellen konnte.

Die Chemotherapie war sehr wirksam. Alle bildgebenden und Laboruntersuchungen waren schon seit der sechsten Therapiesitzung ohne Hinweise auf Tumorwachstum. Die neunte und letzte Therapiesitzung wurde deshalb ausgelassen. Die dreimonatigen bildgebenden- und Laboruntersuchungen wurden fortgesetzt.

Die ganze Familie war sehr erleichtert über diese mutmachende Nachricht.

Wir wussten beide, dass ein Rezidiv jederzeit aufflammen könnte.

Beide Kinder waren zu dieser Zeit von zu Hause ausgeflogen und lebten in eigenen Wohnungen. In einer Zeitspanne von drei Jahren dachten wir nur noch selten an ein Wiederaufflammen des Tumorwachstums.

Seit drei Jahren störte mich das nächtliche Aufstehen, um Urin zu lösen. Ich vereinbarte bei einem Kollegen einen Termin. Ich kannte ihn aus meiner Assistenzzeit am Universitätsspital. Er wurde mir als Unterassistent zugeteilt. Er fiel mir auf als vertrauenswürdig und sehr fleißig. Später bildete er sich zum Urologen aus. Nach Jahren hatte ich ihn bei einem Konzert in der Französischen Kirche getroffen. Er erzählte mir, dass er im Auftrage des Bezirksvereins der Berner Ärzte, deren Sekretär er war, das Konzert organisierte. Er berichtete mir über seinen Werdegang zum Spezialarzt Urologe. Wenige Wochen später entnahm er mir Proben aus der Prostata. Der Tumormarker war seit einem Jahr leicht angestiegen. Die meisten Männer sterben nicht an diesem Tumor, er kann aber für die Betroffenen die Hölle bedeuten. Das Zellwachstum der Prostata ist sehr langsam und erst im späten Stadium metastasierend in die Knochen und die Lunge, aber seltener in andere lebenswichtige Organe.

Die Gene, die mir in die Wiege gelegt wurden, stammen aus einem Stammbaum, der über Generationen viele alte Vorfahren hervorbrachte. Tanten, Onkel, die ich noch kannte, erreichten fast alle die Hundertjahrgrenze. Ein Onkel überschritt die Hundertjahrgrenze, zwei Tanten ebenfalls, eine davon sogar noch vier Jahre darüber. Die Prostatapunktion bestätigte ein positiv Tumorwachstum. Als Arzt mit diesem Wissen und entsprechenden Erfahrungen war der Entscheid zur totalen Prostatektomie leicht zu fällen. Bis heute bereue ich den Entscheid nicht, im Gegenteil. Mit dem Älterwerden ein belastendes Problem weniger. Während dieser Zeit war ich sehr glücklich, dass Marianne gesundheitlich und psychisch eine sehr gute Phase hatte. Während der postoperativen langen Rehabilitationsphase war meine Frau vermehrt mit Waschen und Bügeln meiner verschmutzten Unterwäsche und Hosen beschäftigt.

Die Operation wurde in einem Privatspital in Bern durchgeführt. Während der Operation hatte ich viel Blut verloren, das mit zwei Beuteln Blut ersetzt wurde. Ich verbrachte eine Woche im Spital. Das Unangenehmste nach einer totalen Prostatektomie war das Tragen eines Blasenkatheters während annähernd dreier Wochen, bis die interne Wundheilung die Entfernung zuließ. Die Inkontinenz dauerte neun Monate. Während dieser Zeit trug ich urinaufsaugende Einlagen, die anfänglich täglich mehrmals durch trockene ersetzt wurden. Monat für Monat nahm der tägliche Einlagenwechsel zahlenmäßig ab und endete nach neun Monaten gänzlich. Täglich trainierte ich am Morgen und Abend die Stärkung des Beckenbodens.

Im Laufe des dritten Jahres ohne Chemotherapie bemerkte meine Frau eine an Größe zunehmende Vorwölbung in der rechten Leiste. Meine Diagnose war Leistenbruch, der durch die Schwächung der Weichteile durch die große Operation entstanden war.

Wir vereinbarten einen Termin bei der behandelnden Ärztin. Sie bestätigte meine Diagnose. Zehn Tage später wurde Marianne von einem mir bekannten Kollegen operiert. Mein Prinzip war, nur in Notfällen jemanden aus der engeren Familie zu operieren. Ich hatte die Erfahrung gemacht, dass ich nicht über meinen Gefühlen stehe; damals noch als Student musste ich mich vor Ende des in Lokalanästhesie durchgeführten Eingriffs beim Professor abmelden, bevor ich zusammensackte, da mein Blutdruck in den Keller fiel.

Heute ordne ich den Leistenbruch als zufälligen Wink ein, der frühzeitig meldete, dass sich ein Rezidiv anbahnte.

Die Operation war problemlos. Wegen der Tumorvorgeschichte wurde der Herniensack histologisch untersucht.

Im Präparat wurden Tumorzellen gefunden. Als der histologische Bericht durch die behandelnde Ärztin telefonisch durchgegeben wurde, saßen wir beide am Wohntisch mit dem Wirtschaftsprüfer, der uns über die finanziellen Änderungen in der bevorstehenden Pension informierte. Nach der Rückkehr vom Telefongespräch setzte sich Marianne wieder an den Tisch und ließ sich nicht anmerken, welche Hiobsbotschaft sie gerade erfahren musste. Vom Inhalt des Anrufes hatte ich direkt nichts mithören können, weil Marianne ins Nebenzimmer flüchtete. Ich ahnte aber, dass der Anruf belastend für meine Frau war. Nachdem sich der Wirtschaftsprüfer verabschiedet hatte, machte sie für uns beide einen Tee. Sie eröffnete mir den Inhalt des Anrufes.

„Schatz", sagte sie zu mir mit leiser Stimme, „ich habe ein Rezidiv des Ovarial-CAs." Wir saßen beide sprachlos am Wohntisch, als ob wir beide kalt geduscht worden wären. Tränen liefen uns über die Wangen. Marianne verabschiedete sich ins Schlafzimmer, sie müsse jetzt allein sein.

Viele Gedanken spielten sich in meinem Gehirn ab. Donnerwetter, wir hatten doch drei Jahre ein schönes Zusammenleben und waren füreinander da, und jetzt gehe ich mit siebzig Jahren in Pension, wir hatten doch noch viele Pläne.

Wieso wird man auf diese Weise zurückversetzt? So ging es vielleicht eine Stunde oder mehr. Meine Frau kam aus dem Schlafzimmer zurück, wir umarmten uns innig, und beide weinten wir eine Weile weiter. Wir wussten ja, dass dieser Moment kommen würde.

Dann rafften wir uns zusammen auf und gaben einander Hoffnung. Diesen Moment habe ich heute noch klar vor Augen. Wir beide wussten ja, wir brauchen einander, und das gibt Zuversicht und Kraft.

Am nächsten Tag hatten wir einen Termin bei der Onkologin. Während der Fahrt nach Bern formulierte Marianne die

Fragen, was auf sie zukommen würde, was für Therapiemöglichkeiten es noch gäbe. Chemotherapie, Operationen, und wie würde der Krankheitsverlauf werden? Einige Fragen konnte ich zum Teil beantworten. Sicher war ich, dass es nochmals eine Operation sein würde, damit eine neue Klassifizierung der Tumorzellen vorgenommen werden könnte. Da es sich wahrscheinlich, wie zuvor, um kleine, im Bauchraum verstreute Tumorherde handelte, bestand die Möglichkeit, sie mit laparoskopischer Technik zu entfernen. Diese Operation könnte in Narkose mit einfachem und weniger belastendem Eingriff als die offene Laparotomie erfolgen.

„Ich werde dabei sein und dich über die Befunde und deren Ausmaß informieren."

Die Chemotherapie musste fortgesetzt werden, dafür gab es keine Alternative.

Marianne dankte mir, dass ich sie auf die Diskussion mit der Onkologin so gut vorbereitet habe. Über den Aufwand, der auf sie zukommen würde, hatte ich nicht gesprochen. Ich wollte der Ärztin nicht vorgreifen, um keine Verwirrung zu stiften, da ich dafür nicht ausgebildet war, aber darin auch keine Erfahrung hatte. Die Diskussion mit der Onkologin bestätigte, was ich Marianne bei der Hinfahrt eröffnet hatte. Meine Frau war dadurch locker, weil sie nicht viel Neues erfahren musste. Die eine depressive Stimmung hätte auslösen können. Wie üblich findet eine Ganzkörper-Untersuchung statt mit Blutentnahme. Die Zeit der Untersuchung verbrachte ich im Warteraum bei einem Kaffee. Danach wurden die Termine für Röntgenaufnahmen, Abdominal-PET-CT und EKG organisiert und die nächste Besprechung festgelegt. Als Spitalarzt wusste ich, wie die Abläufe in einem Spital funktionieren. Ich konnte dadurch Marianne mitteilen, was als Nächstes folgen würde. Auf diese Weise konnte sie sich auf den nächsten Schritt psychisch einstellen. Klar gab es auch Phasen, bei denen sie auf mich depressiv wirkte. Depressive Stimmungen gehören in dieser Phase zu Krebserkrankungen, weil der Druck der Endphase unbewusste mitspielt, auch wenn die kranke Person fachlich gut begleitet wird.

Das Abdomen-PET-CT zeigte ein Bild von kleinen, im ganzen Abdomen verteilten Tumorherdchen, wie bei der Erstdiagnose. Das Spezial-CT wurde am Universitätsspital durchgeführt. Das PET-CT besteht aus zwei Teilen.

Zuerst wird über die Venen dem Körper eine radioaktive Substanz verabreicht. Die radioaktive Substanz wird hauptsächlich von den schnell wachsenden Zellen aufgenommen. Nach einer halben Stunde werden Strahlenbilder aufgenommen. Die Bilder werden technisch in die CT-Bilder übertragen. Auf diese Weise entsteht ein aktives Bild und erlaubt dadurch, die Lokalisation der kleinen Metastasen im Bauchraum darzustellen. Der Chefradiologe, den ich von meiner Assistenzzeit am Universitätsspital kannte, beurteilte die Bilder mit uns zusammen. Das ist kein üblicher Akt. Normalerweise wird den Patienten mitgeteilt, dass die Onkologin den Bericht und die Bilder erhält und sie dort über den Befund orientiert werden. Auf der Heimfahrt erklärte ich Marianne, dass diese neuartige bildgebende Untersuchung das Tumorrezidiv eindeutig bestätige und keine lebenswichtigen Organe betroffen seien. Die gute Nachricht, nach meiner Beurteilung, sei einerseits, dass die kleinen verstreuten Krebswucherungen laparoskopisch entfernt und andererseits wahrscheinlich dieselben Krebsmedikamente angewendet werden könnten, die drei Jahre zuvor erfolgreich gewesen waren. Als guter Beobachter bemerkte ich in ihrem Gesichtsausdruck eine Art freudige Hoffnung. Ich versuchte, meine Tränen zu verbergen, aber vor meiner Frau gelang es mir nicht. Bei der Heimfahrt waren wir beide gut gelaunt, da wir uns an die Hoffnung klammerten, dass es auch diesmal gelingen würde, den Tumor zu bändigen.

Dem nächsten Termin bei der Onkologin konnten wir gelassen entgegensehen.

Die Ärztin erläuterte uns das PET-CT. Andere Informationen erhielten wir nicht.

Auch bestätigte sie meine Meinung, dass wahrscheinlich dieselben Chemotherapeutika eingesetzt werden könnten wie vor drei Jahren. Wir müssten aber die Zelldifferenzierung abwarten. Ich fragte die Ökologin, ob eine laparoskopische Operation in diesem Fall möglich sei. Sie beantwortete meine Frage mit einem klaren Ja. Der laparoskopische Eingriff fand eine Woche später statt. Die Anästhesieschwester und der technische Operationsassistent arbeiteten früher in unserem Spital, sodass Marianne sich in guten Händen fühlen konnte. Ich hatte früher einige einfache laparoskopische Eingriffe durchgeführt, bevor ich einen dafür ausgebildeten Kollegen an meine Seite erhielt, der auch große Eingriffe beherrschte.

Jetzt konnte ich mich auf mein Spezialgebiet Orthopädie und Fußchirurgie konzentrieren.

Der operierende Gynäkologe erläuterte mir, dass er schon drei Patientinnen mit der miniinvasiven Methode behandelt hatte. Der Eingriff sei viel weniger belastend, bei gleichem Resultat wie bei einer offenen Laparotomie. Der laparoskopische Eingriff dauerte knapp zwei Stunden.

Die histologische Zellklassifizierung bestätigte dieselbe Tumorzellenart wie vor drei Jahren.

Den laparoskopischen Eingriff hatte Marianne gut überstanden. Von Juni bis November 2010 folgten sechs Zyklen Chemotherapie. Es wurde wieder eine Zweierkombination verabreicht. Die Substanz, die auf die DNA wirkt, erhielt Marianne auch vor drei Jahren. Das zweite Zytostatikum wirkt auf die DNA durch Hemmung der Nukleinsäure-Synthese, diesmal ohne Haarausfall. Diese Substanz war drei Jahre zuvor noch in der Entwicklungsphase.

Anfänglich wirkte diese Kombination, aber nach zehn Monaten wurden in den bildgebenden Untersuchungen erneut kleinere und zwei größere Metastasen gefunden. Im Frühjahr 2011 wurde erneut ein laparoskopisches Tumorstaging notwendig.

Befallen waren rechtes Zwerchfell, rechter Douglas und das Peritoneum.

Vier Monate später entwickelte sich im rechten Lungenflügel ein Pleuraerguss, der die Atmung beeinträchtigte.

Die nachfolgenden Untersuchungen erfolgten am Universitätsspital. Im Herbst 2011 war ein ausgedehnter Eingriff nicht mehr zu umgehen.

Die Riesenoperation wurde einerseits von den Thoraxchirurgen und anderseits von den Viszeralchirurgen durchgeführt.

Am Vorabend erfolgten Besprechungen mit beiden Spezialisten, wie ich es gewohnt war während meiner aktiven Zeit.

Bei der Operation war ich nicht anwesend, es war auch nicht vorgesehen, und ich wollte mich nicht aufdrängen. Ich glaube, es war die richtige Entscheidung. Ich weiß nicht, ob ich nicht zusammengebrochen wäre wie beim lokalen Eingriff in Lokalanästhesie am Hals vor vielen Jahren.

Ich kann allen sich überstark fühlenden Männern empfehlen, zu Hause auf die Nachricht der Operateure zu warten.

Die Thoraxchirurgen sanierten den Pleuraerguss. Vom Bauchraum aus wurde die Zwerchfellmetastase, durch Teilresektion des rechten Zwerchfells, vorgenommen. Einlage einer Thoraxdrainage, die unter Sog gesetzt wurde.

Jetzt begann der aufwendigere Teil des Eingriffs.

Die Leber ist in Segmente eingeteilt, deren Grenzen bei der Resektion beachtet werden müssen, um die Blutversorgung anderer Segmente zu gewährleisten.

Während des Schreibens erinnerte ich mich an einen Fall auf der Kinderchirurgie. Ein vierzehnjähriges Mädchen, Sturz vom Pferd, Leberriss. Ich hatte Dienst und assistierte die aufwendige und schwierige Operation. Daher weiß ich aus Erfahrung von der Schwierigkeit derartiger Eingriffe an der Leber.

Die Lebermetastase konnte durch Resektion des betroffenen Segmentes vollständig entfernt werden. Zusätzlich entfernte man die Gallenblase. Anschließend wurden die kleinen und mittelgroßen Metastasen im Bauchraum entfernt.

Intraoperativ hatte man auf die zusätzliche Behandlung des Bauchraumes mit Zytostatika-Spülung verzichtet, wegen zusätzlicher Probleme der Därme.

Der Eingriff dauerte sechs Stunden.

Der verantwortliche Professor meldete sich persönlich bei mir und informierte mich bis ins kleinste Detail.

Wir vereinbarten einen Termin, an dem er mich über das weitere Vorgehen informieren würde. Ich besuchte Marianne am gleichen Tag auf der Intensivstation. Es war nur ein kurzer Besuch, das wusste ich zum Voraus. Ich hatte in der Ausbildung vier Wochen auf der Intensivstation gearbeitet. Nach der Verlegung auf die Bettenstation besuchte ich Marianne täglich. Sie sah sehr müde aus und ist immer wieder eingeschlafen. Mein sonst stabiler psychischer Zustand verdunkelte sich wie die Tage im November. Meine Frau musste zwei Wochen im Universitätsspital gepflegt werden. Vor Austritt wird die Thoraxdrainage entfernt und einige Tage zur Beobachtung ergänzt. Mir war klar, dass ich Marianne in diesem Zustand nicht zu Hause pflegen konnte. Mit dem verantwortlichen Stationsarzt und der Oberschwester organisierten wir einen dreiwöchigen Erholungsaufenthalt am Brienzersee. Die Klinik kannte Marianne von einem früheren Aufenthalt vor vielen Jahren nach einer Wirbelsäulenoperation. Ich besuchte Marianne wöchentlich zwei bis drei Mal.

Während der vorweihnachtlichen Zeit war mein vernünftiges Denken ausgeschaltet. So habe ich beim Rückwärtsfahren mit dem Auto eine große Beule fabriziert, deren Reparatur einige Hundert Franken kostete. Ich ärgerte mich auch über kleine Missgeschicke, die fast zur Tagesordnung gehörten.

Drei Tage vor Weihnachten konnte ich meine Frau nach Hause holen. Mariannes Schwester mit Ehemann kamen am Weihnachtstag zu Besuch.

Die Schwägerin und ich bereiteten das Mittagessen zu.

Mit einem alten guten französischen Wein waren alle mit dem Essen zufrieden.

Jedenfalls blieb das Weihnachtsessen für Marianne in guter Erinnerung.

Am Neujahr besuchten uns die Tochter und der Sohn mit Anhang.

Im März des neuen Jahres wurden mit einer Dreierkombination sechs Zyklen Chemotherapie vereinbart. Zwei Zytostatika, die auf zwei unterschiedliche Weisen die Zellteilung beeinflussen, und das Dritte verhinderte die Neubildung von Blutgefäßen in den Tumor. Letzteres wurde als Erhaltungsdosis für neunzehn Monaten verabreicht. Marianne erholte sich bisher immer gut von den Chemotherapien. Am ersten Tag nach den Infusionen richtete ich den Tagesablauf, das Essen und die Einkäufe nach den Wünschen meiner Frau aus.

Vier Monate nach der kräfteraubenden Operation erlitt ich einen Herzinfarkt.

Am Abend hatten wir zusammen eine Sendung im TV angeschaut. Um neun Uhr machten wir uns zum Schlafen bereit. Ich konnte noch nicht wie üblich sofort einschlafen. Ein Druck über der linken Brust hinderte mich dabei. Puls war normal und regelmäßig, Blutdruck etwas tiefer als sonst, aber nicht alarmierend. Ich kehrte zurück ins Schlafzimmer und versuchte einzuschlafen, es gelang mir aber nicht. Wenig später nahm der Druck in der Herzregion zu. Neu war der Schmerz im linken Ellbogen und Handgelenk. Diese Symptome passen nicht in das Schema im Lehrbuch der Kardiologie. Der Puls war immer noch regelmäßig, aber weniger kräftig. Jetzt wusste ich, dass ich handeln musste.

Meine Gedanken drehten sich nur noch um Marianne. Wie geht es weiter, wenn ich nicht überlebe? Wie und von wem bekommt sie Hilfe?

Wie käme sie ohne mich in diesem großen Haus zurecht? Wie geht es weiter mit ihrer unheilbaren Krankheit?

Wir hatten über diese Fragen schon öfters diskutiert. Wenn sie mich überleben würde, müsste sie das Haus verkaufen. Der Aufwand für sie wäre viel zu groß.

Nach vielleicht fünf bis zehn Minuten konnte ich wieder normal denken.

Ich wusste, dass ich jetzt ein Notfallpatient war. Die Frage war nur, fordern wir die Ambulanz an?

Marianne entschied sich, sie fahre mit mir ins Spital, so gewännen wir kostbare Zeit.

Sie packte für mich noch Toilettensachen ein und brachte mich ins Spital.

Das EKG zeigte die Notwendigkeit zu raschem Handeln. Anmeldung am Universitätsspital und Vorbereitung für den Transport bewältigte das eingespielte Team in wenigen Minuten. Mit Blaulicht wurde ich über die Autobahn nach Bern transportiert. Die Ambulanz fuhr durch einen Eingangstunnel direkt vor das moderne, nach neuster Technologie eingerichtete Herzkatheter-Zentrum, über die linke Radialisarterie am Handgelenk wurde der Katheter eingeführt und in die rechte Coronararterie vorgeschoben. Mittels Bildverstärkung wurden die Stenosen an den Herzkranzarterien lokalisiert, Durchmesser und Längen der Stents ausgemessen. Die Stents wurden über einen Katheter eingeführt, an Ort und Stelle dilatiert auf den vorgemessenen Durchmesser. Die Reihenfolge der Stents entspricht den gemessenen Durchmessern. Ich konnte den ganzen Vorgang mit dem Herzkatheter am Bildschirm mit verfolgen. Meine Herzkapazität des rechten Ventrikels war beim Eintreffen ein Drittel der Normalfunktion. Der Eingriff dauerte nicht länger als eine Stunde. Die Projektionsschmerzen am linken Ellbogen und Handgelenk lösten sich schon nach der ersten Stentimplantation in Luft auf.

Um drei Uhr nachts brachte man mich auf die Überwachungsstation. Zwei Tage später wurde ich an meine frühere Wirkungsstätte verlegt. Beim ersten Besuch traf Marianne beim Eingang meinen früheren Kollegen. Sie erzählte ihm, dass ich einen Herzinfarkt erlitten hätte. Das sei typisch Chirurgenkrankheit. Marianne antwortete ihm: „Dann kann es dich auch treffen." Mir ging es schnell gut, so konnte ich meine Rolle vollkommen übernehmen. Die verordneten Medikamente wirkten auf das Cholesterin, die Thrombozyten und den Blutdruck. Das ein paar Monate vor dem Herzinfarkt entdeckte Gefäßgeräusch in der rechten Kniekehle war auch verschwunden, wie auch die Wadenmuskelkrämpfe nach großer Belastung. Heute sind meine Herzparameter wie bei einem Zwanzigjährigen.

Die vereinbarte Chemotherapie wurde zwei Wochen nach meiner Herzgeschichte begonnen. Ich fühlte mich fahrtüchtig, sodass ich meine Frau zur Therapie fahren konnte.

Die jetzige Dreierkombination hat sehr gut auf die Tumorzellen gewirkt, und der Tumor war für einige Zeit nicht mehr das Tagesthema. Marianne antwortete immer auf die Fragen nach ihrer Gesundheit mit demselben Satz: „Mir geht es gut." Die Detaildiskussion über ihren Gesundheitszustand war beendet, und wir wechselten zu alltäglichen Themen.

Die Teilresektion des rechten Zwerchfells und die Pleurodese verursachten im Laufe der Heilung eine kleine Einschränkung der Atmung. Im kommenden Sommer war Marianne voll zufrieden, arbeitete im Garten wie vorher. Aber leicht eingeschränkt in der Ausdauer. Am Abend war sie müde und ist immer schnell eingeschlafen, erwachte aber nachts mehrmals; sie konnte aber wieder einschlafen und wenn nicht, wechselte sie ins Dachzimmer und schaute eine halbe Stunde TV.

Marianne hatte jetzt fast vier Jahre relative Ruhe nach den großen Eingriffen und stand regelmäßig unter Kontrolle. Wir lebten fast ein normales Leben mit Einschränkungen, aber immer mit dem Rucksack, dass der Tumor nicht vollständig besiegt sei. Wir genossen beide diese Lebensphase.

Meine starke Psyche stärkte auch meine Frau, weil es für sie dadurch leichter war, den drückenden Rucksack zu tragen. Große Reisen machten wir keine mehr, aber wir besuchten Verwandte, Freunde, wenn möglich auch abendliche Kulturveranstaltungen. Für uns war die längere Pause ein Geschenk der Wissenschaft, die uns mit neuen Medikamenten diese ermöglichte.

Die neuen Medikamente gegen Krebszellen wurden für die Pharmaindustrie ein großer Geldbringer, damit konnte die Forschung vorangetrieben werden. Jeder bösartige Tumor hat verschiedene Zelltypen, und jeder Zelltyp erfordert andere Substanzen für seine DNA und Zellteilung. Viele dieser Substanzen entstammen von der visuellen Beobachtung der Natur von Sträuchern, Bäumen etc. aus tropischen Regionen. Die Substanzen werden synthetisch hergestellt.

Das bekannteste Beispiel ist die Entdeckung der antibakteriellen Substanz Penicillin. Der britische Bakteriologe Alexander Flemming entdeckte 1928, dass in der Nähe eines Schimmelpilzes kein Staphylokokkus aureus nachzuweisen war. Das antibakterielle Penicillin wurde 1941 synthetisch hergestellt; es rettete einem todkranken Patienten das Leben. In der medizinischen Forschung sind visuelle Beobachtungen,

Quantentheorie in Physik und Chemie die treibenden Erkenntnisse und nicht die KI.

Die KI hat auch in der neuen Forschung in den bösartigen Zelltherapien keinen Stammplatz. Die heutige Forschung beschäftigt sich in der Krebstherapie damit, die bösartigen Zellen mit veränderten Immunzellen zu besiegen.

Professor MEM hatte schon recht: „Ihr müsst die Natur beobachten, diese macht es schon recht, nur ihr Lölen (KI) macht es immer falsch."

Neuneinhalb Jahre nach der Diagnose Ovarial-CA meldete sich der Tumor zurück.

Das PET-CT zeigte auf den neuen Bildern mehrere Tumorherde im ganzen Abdomen verstreut. Die Chemotherapie wurde mit einer Zweierkombination wiederaufgenommen. Im November traten zwei größere Metastasen auf, die eine im Lebersegment fünf A. Eine größere Operation wurde nicht mehr empfohlen, dafür aber eine zusätzliche Strahlentherapie der beiden Metastasen. Marianne war mit diesem Vorgehen einverstanden, nach ausgiebigen Gesprächen mit der Ärztin und mir. Die kommenden Tage waren voll ausgefüllt mit Terminen für Chemotherapien, Bestrahlungen, Hin-und-her-Pendeln, dass man froh war, etwas Ruhe zu bekommen. So ging es bis Januar des kommenden Jahres. Wir beide wussten genau, dass wir zusammen diese Zeit durchhalten mussten und weiter zusammenhalten wie bisher. Es gab aber auch während dieser harten Zeit glücklichere Tage, die wir zusammen genossen.

Anfangs Januar war Marianne kraftlos und musste zwei Wochen hospitalisiert werden. Sie erholte sich während der intensiven Pflege und Infusion recht gut, sodass ich sie wieder zu Hause pflegen konnte. Knapp eine Woche später sammelte sich im Abdomen ein maligner Aszites, Bauchflüssigkeit, an. Meine Frau fühlte sich unwohl. Ihr Hausarzt, ein ehemaliger Kollege und Chefarzt, meldete sie für den nächsten Tag um elf Uhr auf dem medizinischen Notfall an. Wir trafen pünktlich am Samstag im Spital ein. Zu dieser Zeit war auf dem Notfall kein hektischer Betrieb, im Gegenteil.

Nach etwa einer halben Stunde meldete sich ein Unterassistent, danach ein Assistent, von der medizinischen Abteilung. Beide waren mit der Situation überfordert. Die diensthabenden Krankenschwerstern bekamen von den Ärzten keine Anweisungen. Ich platzte fast vor Wut, wollte die faule Bande aus dem Schlaf wecken und sie an ihre Aufgaben gegenüber dem Patienten ermahnen. Marianne beruhigte mich und schickte mich zum Mittagessen in die Kantine. Alle drei saßen gemütlich bei Mittagessen und Kaffee. Ich musste mich zusammennehmen, dass ich nicht aufgestanden bin, um sie auf ihre Pflichten aufmerksam zu machen. Ich verließ bewusst vor ihnen die Kantine und dachte, jetzt würden sie handeln. Mehr als eine Stunde danach meldete sich der diensthabende verantwortliche Arzt bei uns. Ich musste die Faust im Sack machen, dass ich nicht vor der todkranken Marianne explodierte.

Ich merkte unverzüglich, dass er mit der Situation überfordert war, aber den Mut nicht aufbrachte, gegenüber einem pensionierten Chefarzt seine Unfähigkeit preiszugeben. Er werde später zurückkommen. Danach verschwand er. Drei Stunden später wurden wir zum Röntgen geführt. Die Zeiger standen auf siebzehn Uhr. Jetzt waren wir schon sechs Stunden auf dem Notfall.

Empfangen wurden wir vom Chefradiologen persönlich, mit dem ich einige Jahre zusammengearbeitet hatte. Unter Ultraschallkontrolle setzte er einen Katheter ins Abdomen, der langsam vier Liter malignen Aszites förderte. Eine Stunde später konnte der Katheter gezogen werden. Der Radiologe beauftragte die diensthabende Schwester, steril eine Bakterienprobe zu entnehmen. Nach der Punktion fühlte sich Marianne wieder sehr wohl. Sie bekam Hunger und schlug vor, zusammen nachtessen zu gehen.

Wir verabschiedeten uns von der verantwortlichen Schwester und wollten ihr zehn Franken für die Kaffeekasse überreichen. Sie verweigerte das Geschenk anzunehmen. Ich fragte nach dem Grund. Ich hätte mich gegenüber den Ärzten arrogant verhalten und sie dürfe von uns nichts annehmen.

Ich erzählte den ganzen Verlauf des sechsstündigen Aufenthaltes bei ihnen im Notfall und dass sich der Leitende

Arzt nur einmal fünf Minuten Zeit nahm, um mit einem ehemaligen Chefarzt dieses Spitals zu sprechen. Dieses Verhalten eines Arztes betrachte ich als Charakterlosigkeit. Nach meiner wahren Darstellung des Tagesverlaufes hatte sie das Geschenk angenommen und sich entschuldigt. Ich dokumentierte den ganzen Aufenthalt schriftlich und sandte ihn per E-Mail an den Chefarzt Medizin und an den Spitaldirektor.

Eine schriftliche Antwort hatte ich als ehemaliger Chefarzt nie erhalten.

Das spricht viel aus über das Arbeitsklima eines Unternehmens wie dem Spital, aber auch über die Zusammenarbeit unter den verschiedenen Abteilungen und der Administration. Das sind keine Einzelfälle, dieses Gerangel untereinander beobachtete ich als Studentenvertreter und Assistent am Universitätsspital. Gegen außen muss die Fassade immer wunderschön glänzend und aufrecht präsentiert werden.

Am Montag hatten wir einen Termin auf dem Ambulatorium. Der zuständige Arzt, spezialisiert auf Infektionskrankheiten, eröffnete uns, dass die entnommene Aszitesprobe positiv auf Staphylokokkus aureus war. Aber ein Staphylokokkus aureus sei nicht Teil der Darmflora, erwiderte ich. Staphylokokkus aureus richtet frei im Bauchraum katastrophale Infekte an.

Staphylokokkus aureus hat wissenschaftlich unter Laborbedingungen eine Verdoppelungszeit von zwanzig Minuten.

Angenommen hundert Staphylokokken verdreifachen sich in einer Stunde.

Nach zwölf Stunden wären es weit über eine Milliarde Bakterien. Ich argumentierte, dass es sich mit großer Wahrscheinlichkeit um eine verunreinigte Probe handeln müsse.

In den Spitälern, vor allem auf den Notfallstationen kann Staphylokokkus aureus nicht vermieden werden. Das sind Tatsachen, die berücksichtigt werden sollten. Die Patientin müsste über das Wochenende hohes Fieber und unerträgliche Bauchschmerzen entwickelt haben. Marianne fühlte sich recht wohl, ohne erhöhte Temperatur und abnormale Bauchschmerzen. Man beharrte auf dem infizierten Aszites. Einfluss auf den Verlauf der folgenden Tage hatte der angeblich infizierte Aszites keinen.

Am Mittwoch hätte meine Frau Chemotherapie, die wegen der angeblichen Infektion nicht stattfinden konnte. Am Freitag musste ich Marianne wieder hospitalisieren, weil die Elektrolyten entgleisten.

Ich richtete mich nachts auf einem Klappbett neben Marianne ein, wie ich es schon vorher gemacht hatte. Sie konnte mich jederzeit wecken, und das nutzte sie auch. Ihr Gesundheitszustand verschlechterte sich von Tag zu Tag.

Die Schwägerin, Tochter und Sohn waren täglich zweimal zu Besuch. Meistens schlief meine Frau, wenn nicht, konnte sie nur mit leiser Stimme sprechen. Sie war müde, auch durch die Wirkung der Schmerzmittel. Meine Frau nahm unsere Anwesenheit immer wahr.

Mir offenbarte ihre Schwester, dass sie gerne noch einmal nach Hause gehen möchte. Mir erwähnte sie ihren Wunsch nicht, da ich weiß, dass sie mich nicht belasten wollte. Zusammen mit der Ärztin und dem Personal organisierten wir einen Patiententransporter, der für stabile Patienten eingesetzt wird und nur einen Bruchteil einer Ambulanz kostete. Die verantwortliche Ärztin traute mir als Chirurg zu, dass ich den Transport mit Infusion während dieser Zeit fachmännisch überwachen konnte. Schwägerin, Tochter und Sohn fuhren mit uns im Transporter in ihr Reich nach Hause. Marianne wollte noch einmal ihr wunderbar eingerichtetes Haus erleben.

Zu Hause in der Wohnküche richteten wir ein Bett in ein Spitalbett um.

Während gut zwei Stunden war meine Frau hellwach und geistig präsent. Sie antwortete auf alle Fragen mit leiser Stimme immer korrekt.

Als visueller Beobachter stellte ich, in ihren Gesichtsausdrücken, eine strahlende Freude fest, als ob sie mir sagen wollte, wir hatten zusammen ein schönes Leben. Ich übergebe dir das Haus und den wunderbaren Garten, trage Sorge dafür und pflege beides. Ich musste mich wegdrehen, um meine Tränen wegzuwischen.

Die Tränen sind mir auch, sechs Jahre danach, beim Scheiben dieser Sätze über die Wangen geflossen.

Der Transportwagen traf pünktlich zur abgemachten Zeit ein und brachte uns zurück nach Bern. Während der Fahrt war Marianne nicht mehr ansprechbar, auch nach der Ankunft nicht. Sie hatte zu Hause die Kraftreserven mobilisiert.

Die Nacht von Samstag auf Sonntag ist sie nie aufgewacht. Ich habe auf dem Klappbett diese Nacht wenig geschlafen, und wenn ich für kurze Zeit weg war, konnte ich nicht, wie üblich, nach wenigen Minuten wieder einschlafen. Ich bin am Morgen nicht wie üblich nach Hause gefahren, um zu duschen. Ich duschte im Spital. Ich fühlte, aus Spitalerfahrung, dass meine Frau den Tag nicht überleben würde. Ich bat die engeren Familienmitglieder beiderseits nach dem Mittagessen ins Spital zu kommen, um von Marianne Abschied zu nehmen. Genau um sechzehn Uhr ist meine Frau Marianne noch einmal aus dem Koma erwacht, hob den Kopf ein wenig an, schaute mich mit offenen Augen eine Minute an, um mir Adieu zu sagen, dann hatte sie die Augen für immer geschlossen. Dieses eindrückliche Bild sehe ich immer noch, als ob es gestern gewesen wäre. Nach fünf Minuten musste ich das Zimmer verlassen, ich hielt es nicht mehr aus und suchte ein leeres Zimmer, damit ich mich wieder als Mensch zeigen konnte.

Bei der Beerdigung war die große Kirche voll besetzt, einige mussten sogar stehen. Marianne war im Spital und im Dorf sehr beliebt. Sie hatte, als die beiden Kinder ausgeflogen waren, als Sekretärin bei mir im Spital gearbeitet.

Die Beliebtheit bei den Angestellten basierte auf ihrem Charakter. Sie hob sich als Frau des Chefs von den Angestellten nicht ab. Sie war mit einem Großteil der Angestellten per Du, wie ich auch.

Ich musste mich neu erfinden und den Weg in die Zukunft finden.

Erst nach drei Jahren habe ich meinen Tatendrang und meine Lebensfreude wiedergefunden. Eine Freundin aus Deutschland lebte mir vor, wie man trotz Verlust ein normales Leben führen kann.

Drei Jahre nach dem Tod von Marianne kehrten die früheren Kräfte zurück

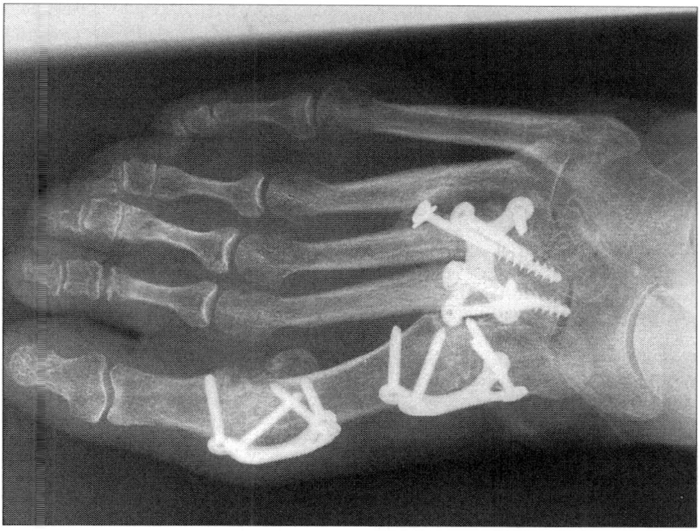

Im 84. Lebensjahr erschien in der europäischen Zeitschrift Foot and Ankle Surgery die Publikation eines erstmals beschriebenen Algorithmus für die Mittelfußchirurgie zur Korrektur des Metatarsus adductus. Der Metatarsus adductus ist eine Deformation des Vorfußes, der auch genetische Ursachen hat, bei dem aber auch die Bein- und Fußposition des Fetus im Mutterleib eine Rolle spielen kann.

Die Daten von 46 Füßen waren alle schon bei der Pensionierung mit 70 Jahren erstellt und zur Publikation bereit. Es fehlte die Feinausarbeitung des Textes und der statistischen Auswertung. Eine erste Fassung hatte ich auch schon geschrieben, bevor das Tumorrezidiv meiner Frau bekannte wurde.

Für die Publikation einer wegweisenden Studie, die einer Privatdozenten-Arbeit entspricht, schenkte ich die Zeit- und Kraft meiner kranken Frau, die auch sehr, sehr viel für mich geleistet hatte. Die Studie trat in den Hintergrund. Ich machte mir auch keine Gedanken, ob ich sie überhaupt noch vollenden sollte. Durch meine stetige Begleitung bei Operationen, Rehabilitation sowie Chemotherapie und Bestrahlung konnte ich als Arzt Marianne viele Spitaltage, Psychotherapie-Sitzungen und Medikamente ersparen.

Nach dem Tod von Marianne war ich ausgelaugt, mut- und kraftlos. Als die Wissensbegier mich wieder weckte, dachte ich wieder an die noch nicht vollständig bearbeiteten Daten. Ich brauchte zwei bis drei Wochen, bis ich mich wieder in die Materie eingearbeitet hatte. Ich aktivierte mein altes Team, mit dem ich vorher bei der X-Platten-Studie gearbeitet hatte. Alle wollten bei dieser Studie sehr gerne als Mitautoren dabei sein. Ich musste neuere Literatur besorgen, die mir der Masterfellow, an der Universität in Barcelona, Enrique Testa besorgte. Ich beauftragte ihn, die Korrespondenz zu den Verlagen zu übernehmen, da er viel Erfahrung damit hatte. Mit meinem Schüler Kai diskutierten wir an unzähligen Abenden über die bisherigen Erfahrungen, die er und ich über die Jahre gemacht hatten. Der Metatarsus varus war ein sehr kontrovers diskutiertes Thema über Jahrzehnte. Aber dass es sich um eine eigene Identität handeln könnte, wurde von niemandem unterstützt. Kai und ich stellten im Laufe unserer Zusammenarbeit fest, dass durch die Verkürzungs-Arthrodese des zweiten und dritten Mittelfußgelenkes der talonavikulare Deckungswinkel verkleinert wird und sich dadurch die Vorfußachse zum Rückfuß ausrichtet. Ähnliche Hinweise haben die Kinderpathologin Reimann und ihr Team 1974 auch herausgefunden, indem sie vierzehn Füße von Totgeburten akribisch untersucht und die Resultate unter dem Titel „Kongenitaler Metatarsus varus" publiziert haben. Die Studie wurde in die Mottenkiste verbannt und erst in der Neuzeit wieder von wenigen Forschern herausgenommen. Auf meine Studie, die auf statistischen Daten basiert, haben die amerikanischen Fußchirurgen reagiert und organisierten ein Webinar mit dem Titel „Cavo adductus – Adduzierter Hohlfuß". Dogmen in der Medizin und Chirurgie gibt es viele. Medizin ist nicht ein rein wissenschaftliches Fach, aber heute sollte es eines sein!

Vor allem in der Chirurgie gibt es leider viele narzisstische Persönlichkeiten, die kluge Köpfe verdrängen. Mit diesen Persönlichkeiten habe ich jahrelange Erfahrungen gesammelt.

Erkenntnisse zum eigenständigen Denken

Ja, jetzt weiß ich, wie ich das Unmögliche im Leben erreicht habe.

Menschen mit Lese- und Schreibschwäche denken in Bildern und Vorstellungen. Das hat mir mein eigenständiges Denken geformt und geholfen, in den Weg gestellte Felsblöcke schadlos zu umgehen. Die Denkweise in Bildern mit der Natur eröffnet eine Sichtweise, die nur wir erfahren und daraus Schlüsse ziehen können. Beispiele gibt es viele, die Energieformel von Albert Einstein konnte er nur über Quantenphysik und mit bildlichem Denken die Hintergründe dazu erfassen und formulieren. Es ist möglich, dass wir durch bildliches Denken, auch langsames Denken, aber auch Wege finden, die anderen Menschen verborgen bleiben. Während der aktiven beruflichen Zeit ist mir das aufgefallen; bei der Vorbereitung auf eine Operation gingen mir Bilder und Vorstellungen durch den Kopf, bis ich zufrieden war und mich auf den Eingriff freute.

Samuel Johann Pauli muss auch wie ich eine Denkweise in Bildern und Vorstellungen gehabt haben. Mit seinem Doppelläufigen Hinterladergewehr mit Patronen wurde die Preußische Armee ausgerüstet, die in Königsfeld die österreichische Armee besiegte und europäische Geschichte schrieb. Zeppelin hatte das Luftschiff von Samuel Johann als Vorlage benutzt und die Lorbeeren dafür erhalten. Der Erfolg von Zeppelin basierte auf dem inzwischen errungenen technischen Fortschritt.

Das Beispiel Mikrochirurgie. Mikroskope gab es ab Ende des 16. Jahrhunderts, die Mikrochirurgie entwickelte sich erst in der Neuzeit, in der zweiten Hälfte des 20. Jahrhunderts. Technisch war es noch nicht möglich, sehr dünne Nadeln herzustellen, noch schwieriger war es, den sehr dünnen Nahtfaden mit der Nadel zu verschweißen mit gleichem Durchmesser.

Der Autor

Ernst Engemann wurde 1938 vor den Toren der Stadt Bern in Boll-Sinneringen Gemeinde Vechigen geboren.
Obwohl Primarschüler mit Lese- und Rechtschreibschwäche, schaffte er es nach seiner Ausbildung zum Bäcker-Konditor im Anschluss an die außerordentliche Matura an die Universität und absolvierte erfolgreich das Studium der Medizin. Er arbeitete als Assistenz-, Ober- und Chefarzt in der Chirurgie-Orthopädie.
Seine Interessen galten stets dem Sport, wo er Ausgleich suchte und sich beim Fußballspielen, Kunstturnen und sogar Segelfliegen hervortat.
Beruflich hat Engemann wissenschaftliche Publikationen in englischer Sprache verfasst. Insbesondere fußchirurgische Abhandlungen gehören zu seinen bisherigen Veröffentlichungen.
Der Autor lebt mittlerweile als Witwer im Ruhestand; zu seiner Familie zählen zwei erwachsene Adoptivkinder.